한반도 분단 관계 자료집
2

엮은이
고려대학교 민족문화연구원 북한아카이브센터

번역 및 감수
민경현(閔庚鉉, Kyoung-hyoun Min)_북한아카이브센터
전갑기(田甲淇, Gab-ki Jeon)_북한아카이브센터・전남대학교 초빙교수
이병엽(李秉燁, Byeong-yeob Lee)_북한아카이브센터

한반도 분단 관계 자료집 2

초판 인쇄 2020년 7월 10일   초판 발행 2020년 7월 20일
엮은이 고려대학교 민족문화연구원 북한아카이브센터   펴낸이 박성모   펴낸곳 소명출판   출판등록 제13-522호
주소 서울시 서초구 서초중앙로6길 15, 2층
전화 02-585-7840   팩스 02-585-7848   전자우편 somyungbooks@daum.net   홈페이지 www.somyong.co.kr

값 26,000원   ⓒ 중앙대・한국외대 HK+ 접경인문학연구단, 2020
ISBN 979-11-5905-537-9 94910
ISBN 979-11-5905-581-2 (세트)

이 저서는 2017년 대한민국 교육부와 한국연구재단의 지원을 받아 수행된 연구임(NRF-2017S1A6A3A03079318) нувший 28го Октября занялись пьянкой. Партийное

рание отмечает также же недостаточную работу парт

ганизации по подготовке и вступлению партии и не

статочную развернуторь соц.соревнования

Партийное собрание постановляет

1. Коммунистам тов Мицмову и Цзин.цзин-ши

обеспечить к дню празднование 25й годовщине

ктябрьской рев. посведение и наглядное оформление

итить соц.соревнование.

Провести художественное оформление в красно-

армейской казарме, на лучшее оформление

казармы между ком-составами 1й-2й роты

заключить Соц.соревнование.

3. Коммунистам тов. Син-же и Заедр выпустить

7му ноября специальный номер боевого листка

освященный 25 годовщине Окт. революции.

4. Разъяснить всем бойцам значение праздника дня

ко коммунистам принести в дни праздника

еды, с бойцами.

а) Коммунистам Мальцев, Вин. Чун - Ши,

58

9. Не было систематической работы с
   отличниками.
Наши задачи:
1. В срок выполнить приказ командира
   бригады. По раскорчёвке огорода
2. К 15 мая построить летние лагерь
3. Устранить имеющие недостатки
4. В парт работе Исходить из приказ
   т. Сталина 195 довести его до каждого б...

Выступление Лейтенант. Деумин:
Указанные мне недостатки учту и исправ...
нужно опираться на младших командиров.
Мало проходит занятий с отд. бойцами
Занятия не обеспечивались. Шли настан...
материалом не обеспечивал подготовку
командиры взводов недостаточно относим...
к ночным занятиям.

Капитан. Изин-жа-чен
тов Мальцев Сказал полностью об итогах...
в парт работе не равномерное временами...
жарко _ холодно Красноармейцы тоже ...
Относятся к работе командиры ротны...
также по (активно по активно, по ноч...

       Лейтенант Семёнов тоже
Батальон сотня представ. Единую семью
Почему мы стоим на втором месте.
потому, что успокоились на достигнутых у...
Партийная организация все чело помо...
Командованию в на в выполнении
поставленной задачи 6-му бригады с...
передними стоят задачи второй продел...
раскорчёвку огорода и построить лет...
лагеря к 15 ма...

<그림 2> 88특수여단 당 조직 전원회의(러시아02)

Проэкт.

Приказ

Командующего Советскими войсками 1 Сев. Кореи

* Ноября 1945 года № гор. Пхеньян.

Нижепоименованные японские законы, как резко антидемократические и противоречащие интересам и политическим правам и свободам Корейского народа с сего дня отменяю:

1. Действие Японской конституции 1889 года, введенной в силу на территории Кореи в 1910 году.

2. Указ императора Японии о судоустройстве генерал-губернаторства Кореи 1909 года.

3. Указ императора Японии о введении на территории генерал-губернаторства Кореи закона о поддержании общественного порядка, 1925 года.

4. Указ императора о полиции и наблюдении 1936 года.

5. Приказ генерал-губернатора Кореи о предупреждении и о тюремном наказании за распространение преступных идей, 1941 года.

6. Закон о безопасности, 1903 года № 3.

7. Приказ генерал-губернатора Кореи о наказании политических преступников, 1919 года.

8. Приказ ген.-губернатора Кореи о сохранении общественной безопасности в военное время, 1941 года.

9. Указ императора о введении в силу на территории ген.-губернаторства Кореи

〈그림 3〉 일본 법률 폐지에 대한 명령문(러시아)29

1

С П Р А В К А

О решении созыва с"езда Народных Комитетов Северной
Кореи

февраля 194? г состоялось заседание Центрального
Комитета Единого Национально-Демократического Фронта, на
котором было заслушено предложение Ким-Ир-Сена и единоглас-
но принято следующее решение:

"Комитет Единого Национального Демократического Фронта
Северной Кореи заслушав и обсудив предложение Ким-Ир-Сена
о мерах по укреплению власти Народных Комитетов и заверше-
ния выборности всех органов власти в Северной Корее-Народ-
ных Комитетов, считает необходимым внести предложение во
Временный Народный Комитет Северной Кореи о созыве с"езда
Народных Комитетов провинций, городов и уездов с участием
представителей политических партий и общественных органи-
заций Северной Кореи ".

Это предложение ЦК ЕНДФ было направлено Временному
Народному Комитету Северной Кореи.

4 февраля в 17.30 состоялось заседание Временного
Народного Комитета с участием всех начальников департамен-
тов и представителей Трудовой партии, Демократической партии,
партии Молодых друзей и союза Демократической молодежи.
Всего присутствовало 30 человек.

С кратким докладом о предложении Комитета Единого
Национального Демократического Фронта выступил председатель
ВНК Ким Ир-Сен, который вначале остановился на той огромной
работе

〈그림 4〉 북조선인민위원회 소집 결정에 대한 보고서(러시아48)

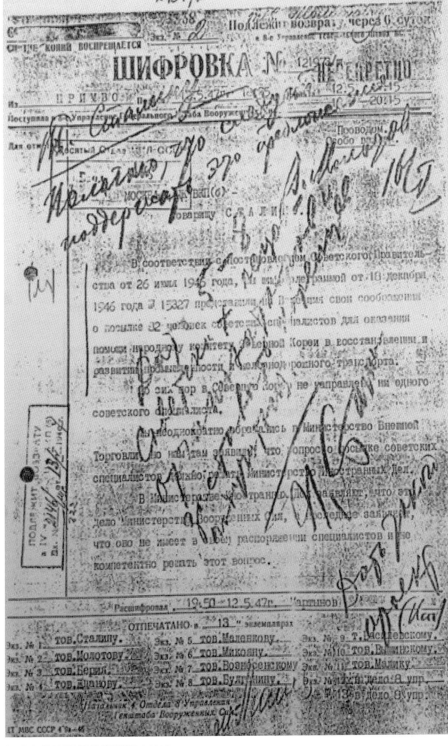

ШИФРОВКА № 121973

СОВ. СЕКРЕТНО

товарищу СТАЛИНУ.

В соответствии с постановлением Советского Правительства от 26 июня 1946 года, мы нашей телеграммой от 18 декабря 1946 года № 15327 представили Вам свои соображения о посылке 82 человек советских специалистов для оказания помощи народному комитету Северной Кореи в восстановлении и развитии промышленности и железнодорожного транспорта.

До сих пор в Северную Корею не направлено ни одного советского специалиста.

Мы неоднократно обращались в Министерство Внешней Торговли, но нам там заявили, что вопрос о посылке советских специалистов должно решать Министерство Иностранных Дел.

В Министерстве Иностранных Дел заявляют, что это дело Министерства Вооруженных Сил, и последнее заявляет, что оно не имеет в своем распоряжении специалистов и не компетентно решать этот вопрос.

Расшифрована . 19.50 - 12.5.47г. Чашинов

ОТПЕЧАТАНО в 13 экземплярах

Экз. № 1 тов.Сталину.   Экз. № 5 тов.Маленкову.   Экз. № 9 Т.Василевскому.
Экз. № 2 тов.Молотову.   Экз. № 6 тов.Микояну.   Экз. № 10 тов.Вышинскому.
Экз. № 3 тов.Берия.   Экз. № 7 тов.Вознесенскому.   Экз. № 11 тов.Малику.
Экз. № 4 тов.Жданову.   Экз. № 8 тов.Булганину.   Экз. № 12 в дело 8 упр.
                                                     № 13 в дело 8 упр.

Начальник 1 Отдела 8 Управления
Генштаба Вооруженных Сил

〈그림 5〉 제121973/Sh호 암호 전문⟨러시아64⟩

美众议员鲁伯陵：

『主张应即承认韩国』

（一九四三年四月书向众院外委会提案）

太平洋关系第四章 朝鲜部份：

『战后朝鲜的前途，中苏两国的谅解，似乎不可少。除此之外

中国须考虑割让问题（现态储备一个半独立行「省」给朝

鲜在该处的人口，朝鲜人以三比一多于中国人这样割让後必再

签订一个必保障两国家中的少数民族的权利为目的的中韩协定

政治多重，由于三十多年日本统治朝鲜的结果，朝鲜人民

缺乏行政经验，因此之故，不好在过渡时期内国际共同

选出一个朝鲜民政机构，由太平洋委员会任令一位高级专员

来主持而予韩国以国际的援助.

（一九四三年十一月十三日渝中报联合版）

〈그림 6〉 장개석 총재와 영국, 미국 등 국가 인사들의 한국 독립에 관한 언론 발췌문(중국05, 필사)

122

外交部　來電

來自何人　魏道明

來自何處　華盛頓

來電第48890號
共　頁　此第　頁

發電 33年 11月 17日 13時14分

收電 33年 11月 20日 22時30分

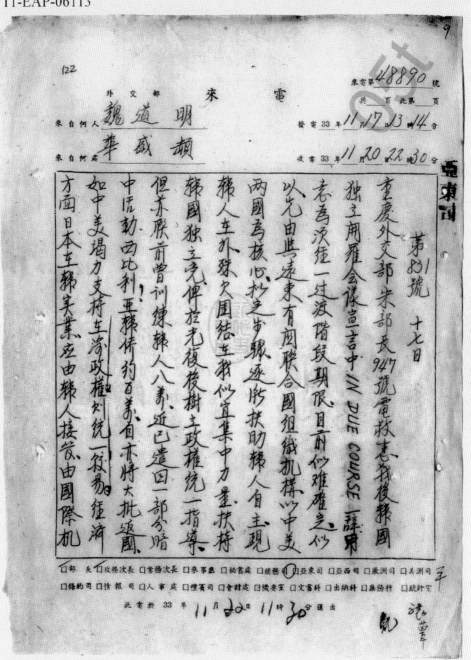

第81號　十七日

重慶外交部宋部長947號電敬悉我後援國

獨立用羅會議宣言中 IN DUE COURSE 一辭甚

壱為淺鹵一任過渡階段期限目前似難確定之必

以先由此遠東有關聯合國組織扨樣以中美

兩國為核心抄之逐步驟逐形扶助韓人自主現

韓人之外殊欠固結我似宜集中力量扶持

韓國獨立党偉拉光復後樹立政權統一指導

但亲聯前曾訓練韓人八萬近已遣回一部分暗

中流劝西比利亞韓侨約百萬自東将大批返國

如中美竭力支持在滬政權以統一役易経済

方面日本在韓實業应由韓人接收由國際机

□部　長　□政務次長　□常務次長　□參事廳　□秘書處　□總務司　□亞東司　□亞西司　□歐洲司　□美洲司

□條約司　□情報司　□人事處　□檀備處　□會計處　□機要室　□文書科　□出納科　□庶務科　□統計室

此電於 33年 11月 22日 11時30分送出

〈그림 7〉한국문제 연구 요점 및 자료2(중국10)

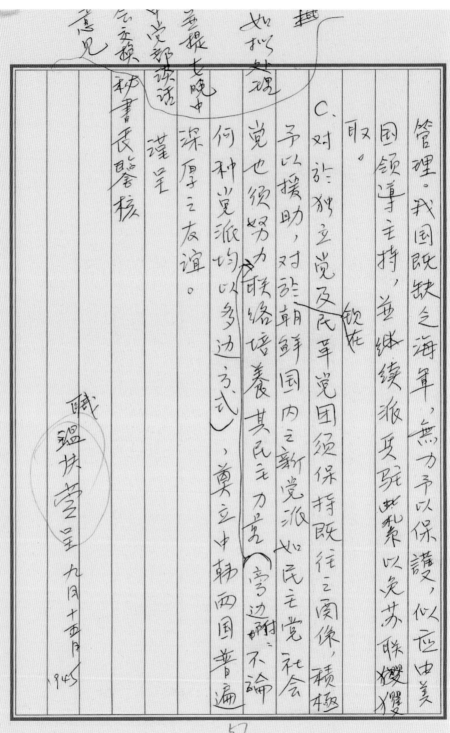

管理。我国既缺乏海軍，無力予以保護，似應由美

国领導主持，並继续派员駐此機關以免苏聯機機

取。

C、对於独立党及民革党團須保持既往之関係，積極

予以援助，对於朝鲜国内之新党派如民主党、社会

党也須努力联络培養其民主力量（當前雖不論

何种党派均以多边方式），奠立中韩西国普遍

深厚之友誼。

謹呈

秘書長鉴核

職溫朋呈 九月十四日 1945

擬
如此处理
無提之晚中
党部談话
会交换
意見

57

韩国问题之对策. 田古方 1945.12.12

日本已告投降，韩国现今成为美苏两大在东亚接触之焦点。韩国之安危较之日本时代对中国关系之密切更甚，中国必须帮助韩国获致完全独立，否则后果堪忧。韩既在美苏分佔之中，主义不同，统治政策各异，长此以往势力加深，韩国内部分裂，中国既不能清除美苏分佔之局面，自尤宜早事缪绸以贯彻中国扶助韩国独立的一贯国策，爰拟对策如左：

甲、处理韩国问题之原则

(一) 调和美苏势力，以消除韩国南北对立，进而促成统一

(二) 扶植韩国亲美分子，仍以独立党为中心，并促进其团结合作

(三) 促进可获美苏承认之韩国合法民主政府早日成立，以维系国内外韩人之向心力。

70

〈그림 9〉 한국문제의 대책(중국48, 필사)

工作。茲將北韓「政黨」及「社會團体」之名稱及其負責人姓名列経

一、朝鮮勞動黨　　　　　　　　　金枓奉

二、朝鮮民主黨　　　　　　　　　崔庸健

三、天道教青友黨　　　　　　　　金達○（字淺 看不到）

四、北朝鮮職業總同盟　　　　　　崔景德

五、北朝鮮農民同盟　　　　　　　玄七鍾

六、北朝鮮民族青年同盟　　　　　金玉鎮

七、北朝鮮文學藝術總同盟　　　　韓雪野

八、北朝鮮工業技術總同盟　　　　李秉濟

九、北朝鮮消費組合　　　　　　　劉義昌

十、朝蘇文化協會　　　　　　　　李箕永

十一、北朝鮮民主女性同盟　　　　朴正愛

十二、朝鮮愛國鬪士後援會　　　　金昌萬

〈그림 10〉 북한 정황 보고서(중국67, 필사)

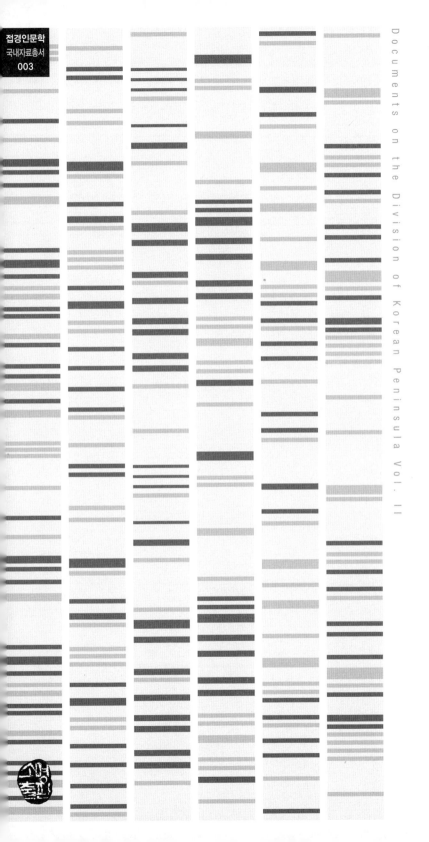

접경인문학
국내자료총서
003

한반도 분단 관계 자료집 2

Documents on the Division of Korean Peninsula Vol. II

고려대학교 민족문화연구원 북한아카이브센터 엮음

발간사

최근 글로벌화의 진전에 따라 상이한 문화와 가치들이 국경은 물론 일체의 경계를 넘어 무한 이동하고 있다. 이러한 분위기 속에서 활발히 진행되고 있는 국경연구Border Studies에서 국경의 의미는 단순히 중심에 대한 대립항 내지 근대 국민국가 시대 '주권의 날카로운 모서리'로 이해되는 경향이 강했고, 사회적 상징물의 창안에 힘입은 집단기억은 국경의 신성성神聖性과 불변성을 국민의 마음속에 각인시켰다.

이처럼 지금까지의 국경 관련 연구는 침략과 저항, 문명과 야만, 가해자와 피해자라는 해묵은 담론을 반복적으로 재생산했는데, 이런 고정된 해석의 저변에는 '우리'와 '타자'의 경계에 장벽을 구축해온 근대 민족주의의 이데올로기가 깔려있다. 즉 민족주의의 렌즈로 바라보는 국경이란 곧 반목의 경계선이요, 대립의 골짜기였다.

그러나 이러한 해석은 단순히 낡았을 뿐 아니라 역사적 사실을 외면한 일종의 오류에 가깝다. 분단과 상호배제의 정치적 국경선은 근대 이후의 특수한 시·공간에서 국한될 뿐이며 민족주의가 지배한 기존의 국경연구는 근대에 매몰된 착시에 불과하다. 역사를 광각으로 조망할 때 드러나는 국경의 실체는 다양한 문화와 가치가 공존하는 역동적 장소이자 화해와 공존의 빛깔이 짙은 공간이기 때문이다.

HK+ 접경인문학연구단은 이러한 연구의 한계를 넘어 담론의 질적 전환을 이루기 위해 국경을 '각양각색의 문화와 가치가 조우와 충돌하지만 동시에 교류하여 서로 융합하고 공존하는 장場', 즉 '접경Contact Zones'으로 재정의하고자 한다. 본 연구가 제시하는 접경공간은 국경이나 변경 같은 '외적 접경'은 물론이요, 한 사회 내에 존재하는 다양한 정체성 ― 인종/종족, 종교, 언어, 생활양식 ― 간의 교차지대인 '내적 접경'을 동시에 아우른다.

그리고, 바로 이러한 다중의 접경 속에서 통시적으로 구현되는 개인 및 집단의 존재방식을 분석하고 개념화하는 작업을 본 연구단은 '접경인문학'으로 정의했다. 접경인문학은 이상의 관점을 바탕으로 국경을 단순히 두 중심 사이의 변두리나 이질적 가치가 요동하는 장소가 아닌 화해와 공존의 접경공간으로 '재'자리매김하는 한편 현대사회의 다양한 갈등을 해결할 인문학적 근거와 모델을 제공하고자 한다. 우리 연구단은 이런 인식을 바탕으로 다양한 정치세력과 가치가 경쟁하고 공명하는 동아시아와 유럽의 접경공간을 '화해와 공존'의 관점에서 비교분석하고자 한다.

본 연구는 시간적으로는 전근대와 근대를 모두 담아내며, 접경공간에 덧입혀졌던 허위와 오해의 그을음을 제거하고 그 나신裸身을 조명할 것이다. 접경인문학연구단은 이와 같은 종적·횡적인 학제간 융합연구를 통해 접경공간에 녹아 있는 일상화된 접경의 구조와 양상을 살피면서 독자적인 이론과 방법론을 제시하고자 한다.

연구 아젠다의 방향을 '국경에서 접경으로' 설정한 연구단은 연구총서 및 번역총서, 자료집 등의 출간을 통해서 축적된 연구 성과를 국내외에 확산시키고 사회에 환원할 것이다. 본 연구서의 발간이 학술 연구기관으로서 지금까지의 연구 활동을 결산하고 그 위상을 정립하는 자리가 되었으면 한다.

2019년 8월

중앙대·한국외대 HK+ 접경인문학연구단장

차용구 교수

서문

　『한반도 분단 관계 자료집』 1·2는 한반도 분단에 관련된 자료들 중 미국, 러시아, 중국 문서보관소에 소장된 자료들을 수집하고 번역한 1차 결과물이다.

　본 자료집에 수록된 미국 사료 32건은 트루먼대통령도서관Harry S. Truman Presidential Library & Museum에서 수집한 1건을 제외하면 모두 미국 국립문서기록관리청National Archives and Records Administration, NARA에서 수집한 자료이다.

　국립문서기록관리청은 1934년에 국가기록원National Archives으로 처음 출발했다. 1984년 제정된 기록관리법the Records Administration Act에 따라 1985년 4월 1일부터 독립기관인 국립문서기록관리청으로 발돋움하였다. 국립문서기록관리청은 워싱턴 DC와 메릴랜드주 컬리지파크College Park의 본관 2개와 지역문서관들, 대통령기념도서관 13개, 연방기록센터Federal Records Centers 16개 등으로 이루어져 있다. 현재 603개의 문서군Record Group(RG)을 포함하여 100억 쪽 이상의 문서, 120억 개 이상의 지도와 표, 500억 개 이상의 사진, 30만 개 이상의 영화필름, 40만 개 이상의 영상과 음성 녹음, 약 133테라바이트의 전자 자료를 소장하고 있다.

　31건의 국립문서기록관리청 자료는 문서군 43, 59, 165, 218, 341의 문서들로 구성되어 있는데, 자료의 성격으로 분류하자면 제2차 세계대전 시기 한국에 대한 조사보고서들과 신탁통치 논의 관련 사료가 7

건, 3부조정위원회 보고서 관련 사료가 4건, 미소공동위원회 관련 사료가 20건 수록되어 있다. 북한아카이브센터는 카이로회의, 테헤란회의, 얄타회의, 포츠담회의, 모스크바3상회의, 미소공동위원회 등 일련의 과정을 통해 한반도의 분할이 결정되고, 소련과의 논의를 거쳐 단순한 분할이 점차 분단으로 고착화되는 흐름을 보여주는 사료들을 중점적으로 선별, 수록했다. 이를 통해 독자들이 제2차 세계대전과 전후 시기 미국의 한반도 정책을 추적해보고, 한반도 분단의 원인, 나아가 한국전쟁의 기원을 거시적으로 이해하는 데 도움이 되길 기대한다.

본 자료집의 러시아 사료는 대부분 러시아국방부중앙문서보관소(ЦАМО)에서 수집한 문서이다. 러시아국방부중앙문서보관소는 90,000개 이상의 폰드(Ф)와 1,800만 개 이상의 젤로(Д)를 소장한 러시아 최대 규모의 문서보관소이다. 이곳에 소장된 문서들은 크게 4개의 주제 영역으로 나눌 수 있다. 그 내용은 소련 육군과 해군 소속 각종 정치기관, 콤소몰 기관 등 자료(1941~1991), 소련 국방부 소속 기관들과 국방부 하위 부서의 자료, 모든 단위의 육군부대, 철도부대 등의 자료, 소련군 내의 각종 사회단체의 자료 (노조, 당 기관 등)이다. 군사문제와 관련하여 내용 면에서 대단히 중요한 한국 관련 문서들을 소장하고 있으며 그 수량 또한 압도적이다. 그중 한반도 분단 관련 자료로는 우선 88특수여단 자료, 소일전쟁 관련 자료, 붉은군대 총정치국 자료(소일전쟁 작전 수립 및 제25군 북한 점령 정치적 사업 지원), 제1·2 극동전선군 자료(소일전쟁 수행 및 북한 점령 사업 지도), 소군정 자료, 연해주 군관구·제25군 참모부·제25군 예하 사단 자료, 민정관리청 자료, 각급 경무사령부 자료(평북, 평남, 함북, 함남,

황해, 강원, 평양을 비롯한 도시급 경무사령부 등), 주북한 군사전문가 활동 관련 자료, 주북한 군사고문단 활동 관련 자료, 스미르노프·쉬띠코프·바실리예프·라주바예프 등 군사고문단장의 보고서 등이 있다. 본 자료집에는 러시아국방부중앙문서보관소 소장자료 외에도 러시아연방대외정책문서보관소(АВПРФ), 러시아국립사회정치사문서보관소(РГАСПИ)와 러시아연방대통령문서보관소(АПРФ)에서 수집한 자료도 포함되어 있다.

본 자료집의 중국 사료 77건은 모두 타이완에서 수집했다. 중국국민당문화전파위원회당사관中國國民黨文化傳播委員會黨史館에서 수집한 자료가 67건이고, 중앙연구원근대사연구소中央研究院近代史研究所에서 수집한 자료가 10건이다. 우리는 분단과 관련된 중국 자료를 수집하면서 국사편찬위원회 등 국내 기관에서 최근 10년간 활발히 수집하거나 간행물로 편찬한 대만국사관, 대만고궁박물원 등이 소장한 자료 등은 우선 배제했다.

'중국국민당문화전파위원회당사관'은 중국국민당 문화전파위원회에 소속된 당 관련 기록물을 보존하고 있는 당사관이다. 당사관에는 국민당 당사 관련 자료인 국민당 연혁 기록물, 당무 회의 및 조직 기록물, 특종 기록물, 중요 인물 관련 자료, 도서 자료 등 300만 건 이상의 기록물을 보존·연구하고 있다. 중국국민당문화전파위원회당사관은 1930년 5월 1일 난징南京에서 발족한 '중국국민당중앙집행위원회당사자료편찬위원회中國國民黨中央執行委員會黨史史料編纂委員會'(이하 '당사회')가 그 시초이다. 이후 여러 차례 소재지를 옮기고 명칭도 변경되었다. 1937년 중일전쟁이 발발하자 8월 당사회 소장자료는 충칭으로 이전되었다. 종전 후인 1945년

10월부터 1948년 12월까지는 소장자료를 난징에 보관했지만, 국공내전의 상황이 불리해지자 장제스蔣介石는 모든 자료를 타이완으로 이전하도록 지시했고 두 차례의 이전작업을 통해 모든 소장자료가 이전되었다. 당사회는 1972년 중국국민당중앙위원회당사위원회로 개명되었고, 1979년 7월 타이중臺中에서 타이베이臺北 근교로 이전하였다. 2000년 정권교체 후 당 기구 축소작업이 진행되면서 당사회는 당사관으로 격하되어 당중앙문화전파위원회에 속하게 되었다. 특히 중국국민당이 중국에서의 한국 독립운동을 적극적으로 지원하고, 한국의 해방과 이후 한국 정세에 관심이 많았던 관계로 당사관에는 이 시기에 생산된 한국 관련 자료들이 다수 소장되어 있다. 당사관에는 이렇게 한국 관련 자료로 분류된 '특종당안特種檔案'이 있으며, '特16'으로 구분되어 총 20종, 607건이 보관되어 있다. 국민당 당사관의 특종당안은 일반인에게 공개되고 있으나 당사관 내부 규정에 따라 당사관 관내에서만 열람할 수 있으며 복사조차도 불가능하다. 따라서 우리는 직접 당사관을 방문하여 정해진 시간에 필사하는 방식으로 작업을 수행할 수밖에 없었다.

'중앙연구원근대사연구소'는 1928년 6월 정식으로 설립되었다. 항일전쟁이 발발하기 전 중앙연구원 산하에는 난징南京과 상하이上海 두 곳에서 10개의 연구소가 설립되었다. 전쟁이 발발하자 산하 연구소는 쿤밍昆明, 구이린桂林, 충칭重慶 등지로 옮겨 다니다가 종전 후 난징과 상하이로 돌아왔다. 1949년엔 타이완으로 다시 옮겼고, 1954년엔 난항南港에 자리를 잡았다. 중화민국 학술연구의 최고기관인 중앙연구원은 인문 및 과학연구, 학술연구 지도, 고급학술 인재 배양을 담당하는 기관이다. 1955년 당안 자료 수집과 국내외 학술도서 구입 등의 업무를 수행했고,

1965년 4월 정식으로 당안관이 수립되었다. 외교부와 경제부로부터 진귀한 당안 자료를 이관받아 1999년 3월 근대사 연구 산하 원사자료실院史資料室이 당안관에 합병되었다.

이번에 우리가 준비한『한반도 분단 관계 자료집』1·2는 미국과 러시아, 중국의 문서보관소가 소장한 자료를 통해 한반도 분단을 설명해보려는 첫 시도이다.

오늘 한반도의 허리를 가르는 벽은 70년이 넘는 세월에도 녹슬지 않고 오히려 더 강고한데, 그 분단의 원인과 과정을 해명하려는 우리의 노력은 이제 막 시작일 뿐이다. 우리의 이 걸음이 지치지 않고 계속될 수 있도록 우리를 지원한 여러 선생님과 기관들에게 깊은 감사를 드린다. 이 자료집의 출간을 지원한 접경인문학연구단과 그 단장 차용구 교수에게 고맙다는 말을 전하고 싶다.

북한아카이브센터장 민경현

III. 중국

II. 러시아

01

전소연방공산당(볼셰비키)과
중국 공산당의 당 조직 회의록 제6호

KWRB-0005, ЦАМО

회의록−제6호

전연방공산당(볼셰비키)과 중국 공산당의 당 조직 회의

1942년 11월 3일 진행

참석자 : 전연방공산당(볼셰비키) 당원 8명, 중국 공산당원 12명

안건

사회주의 10월혁명 25주년 기념식 준비와 진행을 위한 공산주의자들의 임무(말체프 상위 보고)

발언자 : 첫 번째 문제에 대하여 대대 정치부 부부장 말체프Мальцев 상위 연설

토론

류유창(Лю Ю Чан) :

공산주의자들은 경각심이 높아야 한다. 우리에게 다음과 같은 일화가 있다. 1942년 11월 3일 리시구이(Ли Си Гуй) 전사가 숲에서 한 말에 따르면 식인 사건이 발생한 듯하다. 말체프 상위는 하바롭스크에서 기근이 발생했기 때문에 절도 사건들이 벌어지고 있다고 말했다. 이것은 지어낸 말이 아니다.

트로피모프(Трофимов) :

나는 우리가 25주년 기념식을 준비하면서 경각심을 높이도록 호소한다. 이 짧은 기간 우리는 스스로 병영 상태를 향상시켜야 한다.

리트비넨코(Литвиненко) :

말체프 상위가 우리에게 부여한 임무는 수행 가능한 임무이고 우리는 이것을 완수할 것이다.

데울린(Деулин) :

군대와 국가의 자산 보존에 대해 발언하다.

자오쉬보(Чжао Ши Бо) :

급식이 잘 운영되지 않고 있다, 특히 공급 부분이 문제이다.

사회주의 10월혁명 25주년 기념식 준비와 진행에 대해 대대 정치부 부부장의 보고를 듣고 나서 제1대대의 전全연방공산당(볼셰비키)과 중국

공산당은 다음과 같은 내용을 협의했다.

우리 당 조직은 창설 순간부터 전사들이 지휘부가 부과한 임무를 완수하도록 지도할 수 있었다. 사회주의 경쟁의 결과로 많은 전사들이 좋은 평가를 받았다. 예를 들어서, 리유찬Ли Ю Чан, 판민소Фан Мин Со, 리산숙Ли Сан Сук 등 공산주의자들은 주간 작업량을 예정 이상으로 수행했다. 그렇지만 당 회의는 일부 공산주의자들, 예를 들면, 공산당 후보 투말리, 작소르Заксор가 대중에게 지도적인 역할을 수행하지 못할 뿐만 아니라 규율을 위반하고 있다는 점도 지적했다. 그들은 10월 28일 술에 취해 횡설수설하기도 했다 이에 대해 당 회의는 당 기구의 입당 준비 작업과 사회주의 경쟁 의식이 부족했다는 사실을 언급했다.

당 회의는 다음과 같이 결의했다.

1. 쉬띄코프Штыков와 찐찐씨Цзин Цзин Ши 등 공산주의자들은 사회주의혁명 25주년 기념일을 위해 사회주의 경쟁을 준비하고 진행할 것.

2. 붉은군대 전사들의 병영에서 예술적 경쟁을 진행할 것. 제1, 제2중대의 지휘구성원들은 최고의 병영 장식에 대해 사회주의 경쟁을 진행할 것.

3. 공산주의자들 스이쩨Сый же와 작소르 등 동지들은 11월 7일까지 10월 혁명 25주년 기념식에 관한 부대 대자보 특별호를 펴낼 것.

4. 공산주의자들은 모든 전사들에게 명절의 중요성을 설명할 것. 이를 위해 명절 기간 전사들과 다음과 같은 주제에 대한 토론을 진행할 것.

    ⓐ 말체프, 찐찐씨, 리트비넨코Литвиненко, 스이쩨 등 공산주의자들은 1942년 11월 7일자 국방인민위원회의 제130호 명령에 대해서.

ⓑ 이바노프Иванов, 젤토프Желтов, 한이슈Хан И Сю, 류산수츠Лю Сан Суц 등은 "소비에트 정권은 소비에트연방 인민에게 무엇을 주었는가?"에 대해서.

ⓒ 데울린, 쉬띄코프, 박 니콜라이Пак Николай, 싼타이신Шан Тай Шин 등은 "레닌과 스탈린은 10월 사회주의혁명의 조직자들이 다"에 대해서.

5. 공산주의자들은 예술 동아리들을 조직하는 데에 활발하게 참여해야 한다. 공산주의자 중대장인 찐찐씨와 쉬띄코프는 중대들에 열성 참여자들을 두어야 한다. 그리고 여단장이 개최할 최고의 춤, 씨름, 노래 등 경쟁에 집단적으로 활발히 참여할 것.

6. 병무를 훌륭하게 수행할 것.

7. 공산주의자들은 중대장들의 작업을 지원할 것.

의장 : 말체프

서기 : 리트비넨코

88특수여단 당 조직 전원회의

KWRB-0014, ЦАМО

제6차 회의록

제1대대 공산당 조직 전원회의, 1943년 5월 5일

출석 : 당원 ?명

후보 5명

회의 안건

1. 젤노프 중위의 공산당 입당

2. 1차 및 2차 학습 결과와 5월 목표

3. 중위 셀리바노프Селиванов 동지의 사생활 상황의 분석

보고

크라피빈Крапивин 동지는 젤노프 동지의 공산당 입당 청원서에 대해서 보고했다. 젤노프는 1918년에 태어났다. 공산당원 후보이다. 사회 지위는 사무원이다. 중등 교육을 받았다. 러시아인이다. 기혼이다. 입당 추천인은 이코노피스체프Иконописцев, 그는 1940년부터 젤노프를 알

고 있다. 그외 추천인으로 조린зорин 이반 니키포로비치와 나자르체프Hазарцев 드미트리 자하로비치가 있다.

발언

데울린 중위 :

나는 젤노프 동지와 함께 학업과 작업을 수행했고, 그가 성실한 사람이라고 생각한다. 임무 수행에 있어서 그의 결점은 경제 문제가 해결되지 않았다는 점이다.

셀리바노프 :

젤노프는 자기계발에 신경을 더 많이 써야 한다. 젤노프 동지는 중대의 살림살이 문제에 관심이 적다.

말체프 :

젤노프 동지는 정치 학습에 신경을 써야 한다. 그리고 가족생활에도 문제가 있는데, 이것에 대해서도 신경을 써야 한다.

결정 : 젤노프 동지의 공산당 입당을 허가할 것.

보고

말체프 상위가 둘째 문제인 '1차 및 2차 학습의 결과와 5월 목표'를 보고했다.

우리는 어려운 조건에서 교육을 시작했으며 초급지휘구성원들은 아직 준비가 안 된 상태였다. 당 조직의 작업은 대대 지휘관들의 명령을 수행하는 일에 집중되어 있었다. 설정된 목표는 다음의 문제들을 제외하고는 완료되었다. 아직 시행하지 못한 기본 사격 훈련은 기관총 기본 훈련 3회, 기관단총 기본 사격 훈련 2회이다.

전투 훈련의 결점

1. 초급지휘구성원들을 제대로 훈련시키지 못했다.
2. 시각 자료를 학습 과정에서 제대로 사용하지 않았다.
3. 지휘관들은 수업을 제대로 준비하지 않았다.
4. 전투 훈련을 충분히 시행하지 않았다.
5. 지도원들은 정치 수업을 충분하게 준비하지 않았다.
     ⓐ 데울린 중위는 수업 출석을 확인하지 않았다.
     ⓑ 전사들은 지도를 잘 이해하지 못했다.
8. 초급지휘성원들은 규율 연습에 잘 참여하지 않는다.
9. 성적우수자들과 함께하는 체계적인 작업이 부재했다.

우리의 목표

1. 텃밭을 개간하라는 여단장의 지시를 완수할 것.
2. 5월 15일까지 여름 훈련장을 설치할 것
3. 지금까지 발견된 결점을 바로잡을 것.
4. 당 작업시 스탈린 동지의 195호 명령을 준수하여 이행하고 이를 모든 전사들에게 전파할 것

발언

데울린 중위 :

지적받은 내 결점에 대해 숙고하고 교정할 것이다. 초급지휘 성원들과 함께 작업해야 한다. 학습이 전사들과 개별적으로 충분하게 진행되지 않았다. 학습에 필요한 물자의 공급이 부족했다. 소대장들은 학습을 위한 준비물을 충분히 공급하지 않았다. 그들은 야간훈련을 충분히 시행하지 않았다.

김일성(Цзин жи чен, 찐지첸) 대위 :

말체프 동지는 당 작업 결과를 보고했다. 우리는 당 작업을 일관되게 진행하지 못했다. 어느 때는 뜨겁다가 또 어느 때는 차갑다가… 붉은군대 전사들의 작업 태도도 그러했다. 중대장들 태도도 때로는 능동적이다가 또 때로는 수동적으로 자주 바뀌었다. 셀리바노프 중위도 마찬가지이다. 대대는 모두 한 가족이다. 우리는 왜 2등밖에 차지하지 못했을까? 왜냐하면 우리는 달성했던 것에 미리 만족해버렸기 때문이다. 당 조직은 맡겨진 임무를 수행하기 위해 대대 지휘부를 전적으로 지원할 것이다. 우리 앞에는 다음과 같은 목표가 있다. 기한 내에 텃밭을 개간하는 것과 5월 15일까지 여름 캠프를 세운다는 것이다.

박(Пак) :

지금 우리 목표는 농토를 잘 만드는 일이지만, 전투 훈련도 잊어서는 안 된다. 내 소대는 대대 내에서 가장 열심히 작업할 것을 약속한다.

그로모프(Громов) 대위 :

당신들은 당 조직 작업은 잘했지만 결점도 있었다. 당신들이 여단 내에서 2등밖에 차지하지 못한 것은 자만했기 때문이다. 정치 학습에 관해서는, 각각의 전사에게 관심을 더 가져야 한다. 그렇다면 뒤떨어지는 전사가 없을 것이다. 그룹 지도원도 수업 준비를 더 잘 해야 한다. 지휘 성원들에게 앞으로 주어진 임무는 현재의 결점을 바로잡는 것보다도 다음과 같은 일들이다.

1. 모든 전사에게 제195호 명령을 숙지하도록 할 것.
2. 텃밭 만드는 일을 기한 내에 완료할 것.
3. 여름 학습과 캠프를 준비할 것.
4. 항상 전투 준비의 태세를 갖출 것.

말체프 :

군대 자산을 보관하는 일에 신경 써야 한다. 휴식도 조직적으로 관리해야 한다.

결정

정치 담당 부대대장인 말체프 상위의 1차, 2차 학습 결과와 5월 목표에 대해 보고를 듣고 나서 당 회의는 전투 훈련과 정치 학습 진행에 공산당원이 지도적인 역할을 수행함으로써 임무 수행과 완수에 있어 대대의 지휘성원들을 체계적으로 지원한다고 밝혔다. 그 결과 대대가 좋은 점수를 얻은 것이다. 최고의 중대는 1중대이며, 최고의 소대는 1중대 2소대이다. 그 지휘관은 공산당원 박 동지이다. 최고의 분대는 오넨코^{Оненко} 중사의 분대이다. 전투 훈련과 정치 학습 기간 30명의 우수한 학습자들을 배출했다. 이와 함께 다음과 같은 단점도 있었다.

제2중대는 장비 보관 상태가 만족스럽지 못하다. 제2중대 부중대장 이코노피스체프는 소총과 기관총의 격발기와 가스 조절기를 분실했다. 이 시기엔 이런 규율 위반이 있어서는 안 된다.

공산당원이 수업에 불성실한 경우가 있다. 예를 들어서, 그의 소대가 1위를 차지하게 되었지만, 소대장 박 동지는 강의 준비를 제대로 하지 않았고, 강의안을 준비하지 않았으며, 수업을 잘 조직하지도 않았다.

공산당원인 데울린 동지가 정치 학습 수업에 결석하는 경우가 있었고 수업 등록과 준비에도 태만했다.

당 회의는 다음을 결정했다.

1. 전투 훈련과 정치 학습, 그리고 일상 작업의 토대로서 스탈린 동지의 제195호 명령을 숙지할 것.

2. 당 조직 비서들은 스탈린의 명령과 과업을 각각 전사와 지휘관에게 설명하기 위해 시각 자료를 사용할 것.

3. 공산당원인 지휘관들은 대대의 지휘부가 세운 목표들(5월 15일까지 캠프를 설치하기, 농토를 준비하기)의 수행 기간을 엄수할 것.

4. 학습을 불성실하게 준비했던 박과 데울린 등 공산당원들에게 경각심을 갖도록 할 것.

5. 젤노프 동지에게 전사들을 잘못 교육하고 학습을 게을리 한 데 대해 지적할 것.

6. 여름 학습 기간 중 여유시간에는 전사들에게 문화적인 휴식을 제

공할 것.

    ⓐ 중대 내에 체육팀을 만들고, 중대들 간 경쟁을 체계적으로 진행할 것. 구레예프「уреев 중위가 경쟁을 조직하는 책임을 맡을 것.

    ⓑ 붉은군대에서 예술 활동을 조직할 것. 데울린 중위가 책임을 맡을 것.

7. 제1대대 비서인 크라피빈 동지는 이 결정이 이행되는 것을 확인하고 다음 당회의 때 보고할 것.

의장 말체프

회의 비서 이코노피스체프

88특수여단 정치 간부명단

KWRB-0136, ЦАМО

번호	이름	생년	노농적 군입대	정치활동 개시연도	일반교육	군사교육	민족	사회지위	공산당입당	
1	장 쇼우쨘 (Чжан шоу цзян)	1909	1942	1942	중등교육		중국인	사무원	1931	✓
2	셰료긴 (Серёгин)	1908	1941	1941	고등교육	없음	러시아인	노동자	1930	
3	콜로콜로프 (Колоколов)	1903	1941	1930	고등교육		러시아인	사무원	1929	
4	스트릭긴 (Стрыгин)	1916	1938	1939	초등교육	정치지도원 과정	러시아인	사무원	1939	
5	시로트킨 (Сироткин)	1904	1940	1925	고등교육	공산당 학교	러시아인	노동자	1925	
6	최기권	1901	1942	1943	중등교육	군사학교	조선인	사무원	1926	
7	레셰토프 (Решетов)	1904	1930	1936	초등교육	정치학교	러시아인	농민	1928	
8	판(Фан)	1908	1942	1943	고등교육		중국인	노동자	1927	
9	로스토프	1913	1935	1938	초등교육	지휘성원 훈련과정	러시아인	사무원	1939	
10	말체프	1911	1941	1941	초등교육	희망	러시아인	사무원	1940	✓
11	~~쩐 차샤 (Цзиньцзын)~~	~~1910~~	~~1942~~	~~1942~~	~~초등교육~~	——	~~중국인~~	~~사무원~~	~~1931~~	
12	아다모프 (Адамов)	1912	1941	1942	중등교육	중급	러시아인	사무원	1940	✓
13	바비치 (Бабич)	1916	1937	1939	초등교육	기본	우크라이나인	사무원	1940	✓

번호	이름	생년	노농적 군입대	정치활동 개시연도	일반교육	군사교육	민족	사회지위	공산당입당	
14	찌 친 (Цзи цин)	1911	1942	1942	고등교육		중국인	사무원	1932	
15	보리소프 (Борисов)	1906	1930	1941	중등교육	지휘성원 훈련과정	러시아인	사무원	1932	✓
16	판 어차 (Ван и чти)	1917	1942	1942	중등교육	없음	중국인	청강생	1935	
17	니키틴 (Никитин)	1910	1941	1941	중등교육	없음	러시아인	청강생	1941	
18	마추일렌코 (Мачуйленко)	1916	1941	1941	중등교육	불완전 중	러시아인	사무원	1931	
19	류보프 (Любов)	1919	1941	1943	중등교육	없음	유태인	사무원	1942	
20	안길 (Ан цзи)	1905	1942	1942	중등교육	없음	조선인	농민	1932	

04

극동전선군 정치부장 명령

KWRB-0137, ЦАМО

극동전선 정치부장 명령

기밀

내용 : 제88특수여단 정치부 당위원회 구성의 승인에 대하여

1944년 1월 3일 제7호 하바롭스크시

1944년 1월 16일 자 제1회 당 대표자 회의에서 선출되어 아래의 동지들로 구성된 제88특수여단 정치부 당위원회 구성을 승인할 것.

1. 콜로콜로프 A. I. 소좌 : 1929년부터 전연방공산당(볼셰비키) 당원, 당위원회 서기 — 제88특수여단 당위원회 서기로.

2. 아다모프 T. P. 상위 : 대대 정치부 부부장 보좌관, 1940년부터 전연방공산당(볼셰비키) 당원 — 당위원회 제1부서기로.

3. 레셰토프 A. I. 대위 : 정치부 선임지도원. 1928년부터 전연방공산당(볼셰비키) 당원 — 당위원회 제2 부서기로.

4. 아르부조프Арбузов T. V. 중좌 : '스메르쉬' 방첩부장. 1929년부터

전연방공산당(볼셰비키) 당원 — 당위원회 위원으로.

5. 쉬린스키Ширинский T. I. 소좌 : 여단참모장. 1925년부터 전연방공
   산당(볼셰비키) 당원 — 당위원회 회원으로.

6. 오스트리코프Остриков A. F. 대위 : 대대장. 1932년부터 전연방공
   산당(볼셰비키) 당원 — 당위원회 위원으로.

7. 보리소프 L. A. 상위 : 대대 정치부 부부장 보좌관, 1932년부터 전
   연방공산당(볼셰비키) 당원 — 당위원회 위원으로.

8. 바비치 A. N. 상위 : 대대 정치부 부부장 보좌관. 1940년부터 전연
   방공산당(볼셰비키) 당원 — 당위원회 위원으로.

9. 모나코프Монаков P. D. 중위 : 군 통역관 과정 학습부장. 1942년부
   터 전연방공산당(볼셰비키) 당원 — 당위원회 회원으로.

극동전선군 정치부장 소장 / 루카쉰Лукашин /

'확인'

극동전선군 정치부 기밀사무국. 바라노프Баранов 소위

극동전선군 정치부 인사국장에게 보내는 서한

KWRB-0138, ЦАМО

극동전선군 정치부 인사국장에게

기밀

1944년 2월 제012호

이와 함께 88특수여단의 정치업무원에 대한 인사기록 카드를 보낸다.

첨부 : 15쪽

88특수여단 정치부장, 세료긴 소좌

극동전선군 정치부 인사국장에게 보내는 서한

KWRB-0139, ЦАМО

극동전선군 정치부 인사국장에게

기밀 2부

1944년 2월 10일 제012호

대위 김책ЦЗИН ЦИ 동지와 대위 안길 동지의 인사기록 카드와 그들의 자기소개서를 보냅니다.

참조 : 상기 자료

수신자에게만 보냄.

88특수여단 정치부장 세료긴 소좌

극동전선군 정치부 인사국장에게 보내는 서한

KWRB-0140, ЦАМО

극동전선군 정치부 인사국장에게

기밀 2부

1944년 2월 24일 제018호

대위 시로트킨 동지의 인사기록 카드와 그의 자기소개서를 보냅니다.

대위 김책 동지와 대위 안길 동지의 인사기록 카드와 그 자기소개서는 금년 2월 10일자 제012호의 서한으로 이미 발송하였습니다.

첨부 : 4쪽

수신자에게만 보냄.

88특수여단 정치부장 세료긴 소좌

극동전선군 정치부장
루카쉰 소장에게 보내는 서한

KWRB-0141, ЦАМО

극동전선군 정치부장, 소장 루카쉰에게

기밀

1944년 2월 29일 제023호

2월 25일, 여단장은 정치부 지도원인 판찌신Фан цзи шин 중위에게 규율 위반 및 퍄트스코예의 소모임을 허가 없이 방문한 것에 대해 경고했고, 행정 처벌에 처했다. 이에 따라 그의 군 진급에 대한 결정을 일시적으로 취소하는 것을 권고한다.

소좌 셰묘긴

극동전선군 정치부 인사국장에게 보내는 서한

KWRB-0142, ЦАМО

극동전선군 정치부 인사국장에게

1944년 3월 20일 제634호

찐체ызин чз 동지에 대한 인사기록 카드와 그의 자기소개를 보낸다. 새로운 형식의 서식 용지가 없는 관계로, 자료는 과거에 사용했던 제151호 양식에 따라 작성되었다.

첨부 : 4쪽

88특수여단 정치부장, 세료긴 소좌

10

88특수여단 정치부장 소좌
세료긴 동지에게 보내는 서한

KWRB-0143, ЦАМО

88특수여단 정치부장 세료긴 소좌 동지에게

1944년 4월 9일 제210294호

하바롭스크 시

귀관의 제015호에 대한 답변

정치부장의 결정에 의하여 아다모프 예브게니 프로호로비치, 바비치 알렉세이 니키포로비치, 보리소프 레오니드 아나톨리예비치, 핀분윤ФИН ВУНЮН 상위들과 김책 선임정치지도원은 현재 군 계급을 그대로 유지한다는 것을 전함.

극동전선군 인사부장, 대좌 그리고리예프ГРИГОРЬЕВ

2부를 아래와 같이 발송.
1부 : 상기 수신지로
2부 : 서기국

11

조선 인민을 향한
극동 전선군 총사령관 바실렙스키의 호소문

KWRB-0017, ЦАМО

당신들의 화려한 조국은 수십 년 동안 일본인들의 무거운 구둣발에 짓밟혀 왔다. 수백만 조선 인민은 민족과 국가의 독립을 잃었다. 조선의 풍부한 산물과 비옥한 논밭은 일본 합자회사들이 소유하였다. 조선 민중은 굶주리며 거지와 같은 생활을 하게 되었고, 조선에서 생산된 쌀과 철광, 석탄, 금, 이 모든 것들을 절대 채워지지 않을 전쟁의 뱃속을 채우려고 일본 약탈자들이 제 나라로 실어갔다. 일본 군벌들은 자유를 사랑하는 아세아 인민들까지도 자기들의 노예로 만들고자 그들에 대하여 끊임없이 전쟁을 일으킨다. 그뿐인가! 왜놈들은 당신들이 남의 이익을 위하여, 즉 일본 자본가와 지주들의 이익을 위하여 무기를 잡고 피를 흘리게 한다. 당신들은 오랫동안 참아왔다. 일본 압제자들에 반대하는 투쟁을 일으키려는 조선 애국자들의 시도는 매번 일본 병사들의 총칼로 진압되었다. 조선 애국자들이 흘린 피가 강물처럼 흘렀다. 일본 악귀들은 1918년에 있었던 '쌀 폭동'과 1919년 3·1운동을 포악하게 진압하였다. 일본인들은 자유로운 조국을 향한 애국정신을 일깨우는 사람들을 가리지 않고 비인간적으로 혹독하게 학살했다. 조선 땅에서는 몇십 년 동안 노예 생활의 캄캄한 밤이 밝지 않았다. 그리고 이제야 해방의 시간이 다가왔다.

소련 군대는 연합국과 함께 일본의 동맹국인 히틀러 독일의 군대를 섬멸하였다. 유럽의 무리한 범죄와 압제의 근원지는 이제 청산되었다. 유럽 인민들은 그 무서운 전쟁의 혼란과 독일의 압제로부터 해방되었다. 그들은 정의와 평화의 새로운 삶을 건설하는 데에 착수했다. 이제 극동에 자리한 범죄와 압제의 근원지인 일본이 패망할 순서가 되었다. 미국, 영국, 중국의 군대들이 바다와 하늘에서 일본에 가하는 타격이 무적 소련군의 위대한 타격과 결합한다. 소련군이 일본 침략자들을 쳐부수려 정의의 칼을 높이 들었으니 일본의 운명은 이미 결정된 것이다. 침략자 일본은 패망하고 말 것이다.

조선인들이여! 압제자들에 대한 신성한 전쟁을 위해 일어나라. 당신들은 열렬한 투쟁으로써 자유롭고 행복한 삶을 누릴 권리를 다시 찾게 될 것이다. 자유와 독립의 깃발이 서울에서 휘날리게 될 것이다. 조선인들이여! 모든 힘과 수단을 다하여 일본의 군사적 대응을 깨부숴라. 독립군을 조직하라. 일본인들을 죽일 수만 있으면 어디서든 더 죽여라. 조선인들이여! 일본인들에게 총부리를 돌려 일본 장교들을 죽여라! 소련군에게 오라. 조선인들이여! 기억하라. 우리와 당신들의 공동의 원수는 일본이다. 우리는 당신들을 친선인민으로 보고 지원할 것이다. 일본 약탈자들에게 멸망을 안겨주자!

극동소련군 총사령관 소련 원수 바실렙스키Васильевский

12

북조선에 대한 소련군의 선전방송

KWRB-0018, ЦАМО

주의하십시오! 주의하십시오!

일본군_____연대(사단)의 조선인 병사들이여! 중대한 소식을 전합니다. 중대한 소식을 전합니다. 사격을 중지하고 우리 방송을 들으십시오!

금년 7월 26일에 미국, 영국 및 중국이 일본에게 전쟁을 중지하라는 격문을 보냈습니다. 그러나 일본 정부는 이 제의를 거절하였습니다.

미국, 영국 및 중국 정부는 전쟁을 신속하게 끝내고 태평양에 평화를 가져오기 위해 소련이 대 일본전쟁에 참여해 협력해주기를 제의했습니다. 소련 정부는 동맹국들의 제의를 접수했으며 금년 7월 26일 동맹 강국들의 성명에 동조했습니다.

소련정부는 조선인민을 포함한 동아시아의 인민들을 전쟁의 공포에서 신속히 해방시키기 위해 이러한 방법을 선택했습니다. 그리하여 금년 8월 9일부터 소련은 일본과 교전 상태에 있습니다.

조선인 병사들이여! 일본은 소련, 미국, 영국, 중국 연합을 홀로 감당하지 못할 것입니다. 독일이 패망한 것처럼 일본도 패망할 것입니다. 지금 상태에서 어떤 힘이라도 일본을 다가오는 멸망에서 구원하지 못할 것입니다. 일본 군부가 생존할 날은 며칠 남지 않았습니다. 일본은 기만과 강압으로 당신들이 무기를 잡게 하였으며 또 당신들의 오랜 원수인 일본의 이익을 위하여 죽게 합니다.

조선 사람들은 수십 년 동안이나 일본의 압박 밑에서 불행한 생활을 해왔습니다. 일본은 많은 조선 사람들을 잡아갔으며 조선의 쌀을 강탈해 일본으로 실어갔습니다. 그래서 조선 사람들은 굶주리고 헐벗은 채로 비참하게 살아왔습니다.

일본은 조선 민족의 문화를 없애버렸습니다. 일본은 조선어로 말하는 것도 금지했으며 심지어 당신들의 이름을 가증스러운 일본식 이름으로 바꾸도록 강요했습니다.

현재 일본은 수만 명의 조선인을 희생함으로써 일본의 멸망을 늦추려고 하고 있습니다. 일본이 소련군에 대한 저항을 계속하면, 이는 조선 인민에게 무수한 희생과 고통만을 가져오게 될 것입니다.

조선 병사들이여!

소련 군대는 오직 한 가지 목표를 가지고 있습니다. 그것은 일본 군벌들을 멸망시키고 조선인민들을 포함한 동아시아 인민들에게 자유롭고 독립적인 삶을 살아갈 권리를 되찾아 주는 것입니다.

극동 소련군 총사령관인 소련군 원수 바실렙스키는 조선인민을 향한 격문에서 선언했습니다. "조선인들이여, 기억하라. 우리와 당신들 공동의 적이자 원수는 일본이다. 우리는 당신들을 친선인민으로 여겨 원조할 것이다."

조선인 병사들이여! 당신들에게 드디어 기회가 왔습니다. 일본을 향하여 총구를 돌리십시오. 일본 장교들을 죽이고 붉은군대로 넘어오십시오. 이것은 당신들의 생명을 구하는 유일한 정의의 길입니다.

13

군경무관의 명령서 제1호

KWRB-0019, ЦАМО

1945년 월 일

_____의 안전한 생활과 질서를 유지하기 위하여 아래와 같이 명령함.

모든 민사당국들은 자신의 책무를 계속해서 수행할 것.

모든 상업기관 및 생산 기업 주인들은 자신의 사업을 계속할 것. 상품과 식료품 및 기타 물품들의 가격은 소련 군대가 진주하기 전의 가격으로 함. 주류 매매는 추후 특별지시가 있을 때까지 금지함.

지방 당국과 시민들은 학교, 병원, 진료소 또는 기타 문화 및 공영기관들과 기업소들의 안전 작업을 보장하는 데에 백방으로 협조할 것.

성당과 예배당에서 예배를 볼 수 있음.

지역 주민들은 자신이 지닌 총, 탄약, 군용물자, 군수품 및 라디오 등을 모두 군경무관에게 반납할 것.

일본 군대 및 군 당국의 소유 아래 있던 모든 창고들과 창고로 쓰던 집들은 그곳의 모든 물자를 보존한 채로 소련 지휘관의 관리 아래 넘길 것.

거리통행은 현지 시각으로 아침 5시에서 저녁 9시까지 허가함.

야간에는 반드시 등화관제를 실시할 것.

군경무관

14
조선 인민들을 위한 방송 제2호

KWRB-0020, ЦАМО

주의하십시오! 주의하십시오! 조선 남녀들이여! 우리 방송을 들어주십시오! 붉은군대 방송국에서 전합니다! 조선 인민들이여! 우리 방송을 들어주십시오!

조선은 35년 동안이나 일본의 지배 하에서 신음하였습니다. 35년 동안 일본은 조선 인민들을 억압하였고 조선 인민들의 재산을 강탈했으며 조선 인민들의 언어, 문화 및 모든 생활제도를 능욕해왔습니다.

조선은 35년 동안이나 눈물과 굶주림의 나라로 있었으며, 노예의 나라, 감옥과 교수대의 나라로 있었습니다. 눈물과 기근, 노예 생활, 감옥과 교수대, 이러한 것들이 바로 일본 약탈자들이 당신들에게 가져온 것입니다.

조국의 자유와 독립을 위한 투쟁에서 수많은 조선의 애국열사들이 죽었습니다. 오직 조국을 사랑하고 조국의 행복을 원했다는 이유로 용감하고 충직한 수많은 조선인들을 일본이 죽였습니다. 하지만 자유와 행복에 대한 갈망, 또한 가증스러운 일본을 조선에서 축출하고자 하는 갈망은 조선 인민들의 마음속에서 사라지지 않았습니다.

조선 인민들이여! 이 갈망이 이제서 실현됩니다. 가혹한 억압자들을 축출할 시간이 다가왔습니다!

당신들의 마음속에서 흘러넘치는 자유에 대한 갈망을 위대한 붉은군대가 실현하고 있습니다. 당신들의 이웃 국가인 소련 인민들이 조선 인민을 도우려 합니다. 일본은 조선에서 영원히 축출될 것이며 일본에 지배당한 저주스러운 기억은 잊혀질 것입니다.

붉은군대의 힘은 대단히 강대합니다. 그러나 그 힘을 타국의 정복에 사용한 적이 없으며 앞으로도 그러지 않을 것입니다. 이에 관하여 소련 인민의 위대한 수령인 스탈린 대원수가 말씀하신 것을 들어보십시오. "우리는, 유럽은 물론이고 아시아에 대해서도, 타국의 영토와 인민을 정복하기 위한 전쟁을 일으킬 목적이 없으며, 그 같은 일은 있을 수가 없다."

붉은군대의 힘은 피압박 민족들의 해방을 위해 사용되었습니다. 붉은군대가 히틀러의 독일을 격파하고 독일에 종속되었던 유럽의 여러 나라를 해방했습니다. 지금 이 나라들은 자주적으로 자신들의 삶을 영위해 가고 있습니다. 위대한 스탈린 대원수는 그들에게 말씀하였습니다. "우리 목적은 인민의 해방투쟁을 지원하고, 그 후 인민들이 자신의 땅에서 자신의 소망대로 자유롭게 생활하도록 하는 것이다."

스탈린 대원수의 이 말씀은 이미 실현되었습니다. 이 말씀은 조선에도 모두 똑같이 적용되는 것입니다.

붉은군대는 동맹국들과 함께 마지막 침략국인 일본을 격파하여 일본의 억압에서 조선과 중국을 해방시킨다는 목표를 전면에 내세웠습니다.

조선 인민들이여! 자유와 독립의 깃발이 서울에 휘날릴 것입니다. 행복하고 안전한 평화의 시대가 조선에 돌아옵니다.

조선 인민들이여! 기억하십시오. 당신들에게는 거대하고 강하며 정의로운 소련이 있습니다. 소련이 당신들을 도와주기 위해 나섰습니다.

조선 인민들이여! 여러 방법으로 붉은군대를 도우십시오. 도시와 농촌에서 일상생활을 유지하며 자신의 일을 계속하십시오. 붉은군대 지방 당국을 백방으로 보조하십시오.

방방곡곡에서 일본 정탐들이나 파괴자들, 일본을 도와주는 자들을 모두 붙잡아 소비에트 경무소로 데리고 오십시오. 추수를 제때 조직하십시오. 철도와 다리, 기업소와 사회기관이 파괴되지 않도록 보호하십시오. 그렇게 함으로써 일본의 잔재를 신속히 청산하는 데 협력할 수 있습니다.

조선의 자유와 독립 만세!

조선의 발전을 담보하는 조선 인민과 소련 인민의 친선 만세!

15

북조선에서 배포된 소련군의 선전대자보

KWRB-0021, ЦАМО

붉은군대는 유럽과 아시아의 피압박인민들을 독일 파시즘과 일본 군부의 유혈폭정에서 해방시켰으며 인민들에게 독립을 가져다주었다. 붉은군대 만세!

16

조선 남녀들을 향한 소련군의 선전문

KWRB-0022, ЦАМО

조선 남녀들이여!

조선은 35년 동안이나 일본의 지배 하에서 신음하였습니다. 35년 동안 일본은 조선 인민들을 억압하였고 조선 인민들의 재산을 강탈했으며 조선 인민들의 언어, 문화 및 모든 생활제도를 능욕해왔습니다.

조선은 35년 동안이나 눈물과 굶주림의 나라로 있었으며, 노예의 나라, 감옥과 교수대의 나라로 있었습니다. 눈물과 기근, 노예 생활, 감옥과 교수대, 이러한 것들이 바로 일본 약탈자들이 당신들에게 가져온 것입니다.

조국의 자유와 독립을 위한 투쟁에서 수많은 조선의 애국열사들이 죽었습니다. 오직 조국을 사랑하고 조국의 행복을 원했다는 이유로 용감하고 충직한 수많은 조선인들을 일본이 죽였습니다. 하지만 자유와 행복에 대한 갈망, 또한 가증스러운 일본을 조선에서 축출하고자 하는 갈망은 조선 인민들의 마음속에서 사라지지 않았습니다.

조선 인민들이여! 이 갈망이 이제서 실현됩니다. 가혹한 억압자들을 축출할 시간이 다가왔습니다!

당신들의 마음속에서 흘러넘치는 자유에 대한 갈망을 위대한 붉은군대가 실현하고 있습니다. 당신들의 이웃 국가인 소련 인민들이 조선 인민을 도우려 합니다. 일본은 조선에서 영원히 축출될 것이며 일본에 지배당한 저주스러운 기억은 잊혀질 것입니다.

붉은군대의 힘은 대단히 강대합니다. 그러나 그 힘을 타국의 정복에 사용한 적이 없으며 앞으로도 그러지 않을 것입니다. 이에 관하여 소련 인민의 위대한 수령인 스탈린 대원수가 말씀하신 것을 들어보십시오. "우리는, 유럽은 물론이고 아시아에 대해서도, 타국의 영토와 인민을 정복하기 위한 전쟁을 일으킬 목적이 없으며, 그 같은 일은 있을 수가 없다."

붉은군대의 힘은 피압박 민족들의 해방을 위해 사용되었습니다. 붉은군대가 히틀러의 독일을 격파하고 독일에 종속되었던 유럽의 여러 나라를 해방했습니다. 지금 이 나라들은 자주적으로 자신들의 삶을 영위해 가고 있습니다. 위대한 스탈린 대원수는 그들에게 말씀하였습니다. "우리 목적은 인민의 해방투쟁을 지원하고, 그 후 인민들이 자신의 땅에서 자신의 소망대로 자유롭게 생활하도록 하는 것이다."

스탈린 대원수의 이 말씀은 이미 실현되었습니다. 이 말씀은 조선에도 모두 똑같이 적용되는 것입니다.

붉은군대는 동맹국들과 함께 마지막 침략국인 일본을 격파하여 일본의 억압에서 조선과 중국을 해방시킨다는 목표를 전면에 내세웠습니다.

조선 인민들이여! 자유와 독립의 깃발이 서울에 휘날릴 것입니다. 행복하고 안전한 평화의 시대가 조선에 돌아옵니다.

조선 인민들이여! 기억하십시오. 당신들에게는 거대하고 강하며 정의로운 소련이 있습니다. 소련이 당신들을 도와주기 위해 나섰습니다.

조선 인민들이여! 여러 방법으로 붉은군대를 도우십시오. 도시와 농촌에서 일상생활을 유지하며 자신의 일을 계속하십시오. 붉은군대 지방 당국을 백방으로 보조하십시오.

방방곡곡에서 일본 정탐들이나 파괴자들, 일본을 도와주는 자들을 모두 붙잡아 소비에트 경무소로 데리고 오십시오. 추수를 제때 조직하십시오. 철도와 다리, 기업소와 사회기관이 파괴되지 않도록 보호하십시오. 그렇게 함으로써 일본의 잔재를 신속히 청산하는 데 협력할 수 있습니다.

조선의 자유와 독립 만세!

조선의 발전을 담보하는 조선 인민과 소련 인민의 친선 만세!

17

제25군 군사위원회에 보낸
소련 최고사령부의 지시

KWRB-0023, ЦАМО

바실렙스키 원수 앞.

연해주군관구 군사위원회 앞.

제25군 군사위원회 앞.

붉은군대의 북조선 점령과 관련하여 최고 사령부는 다음과 같은 방침을 따르도록 명령한다.

1. 북조선 영토에 소비에트 및 기타 소비에트 권력기관을 만들거나 소비에트 질서를 도입하지 말 것.

2. 모든 반일 민주주의 정당 및 단체와 광범히 연대하여 북조선에서 부르주아 민주주의 정권이 수립되도록 도울 것.

3. 이 목적을 위해 붉은군대가 점령한 조선 지역에서 반일 민주주의 정당과 단체들의 조직을 방해하지 말고 그들의 활동을 지원할 것.

4. 지역 주민에게 다음과 같이 설명할 것.

ⓐ 붉은군대는 일본 침략자들을 물리치기 위해 북조선에 들어왔고, 조선에 소비에트 질서를 도입하거나 조선 영토를 **빼앗**을 목적은 없다.

ⓑ 북조선 주민의 사유 및 공유재산은 소련 군정의 보호를 받는다.

5. 지역 주민들에게는 자신의 평시 노동을 계속하고, 공업과 상업, 그리고 공기업 등 기업들을 정상적으로 가동하며 소비에트 군정의 요구와 지시를 수행하고 사회 질서 유지에 협조할 것을 호소할 것.

6. 북조선에 주둔한 군인들은 규율을 엄격히 지키도록 하고, 북조선 주민을 모욕하지 않으며 행실을 바르게 하도록 할 것. 종교의식과 행사를 방해하지 말 것이며 사원 등 종교 시설을 침범하지 말 것.

7. 북조선의 민사행정은 연해주군관구 군사위원회에게 맡길 것.

1945년 9월 20일

I. 스탈린

A. 안토노프Антонов

18

1945년 10월 8일 북조선 도 임시인민위원회
대표회의 개회식에서 한 치스챠코프 상장의 연설

KWRB-0024, ЦАМО

소비에트사회주의공화국연방 국방인민위원회

연해주군관구 정치부

1945년 10월 3일 발송 제03051호

노농적군 총정치부장 쉬킨 상장 동지에게.

1945년 10월 8일 북조선 임시 인민위원회 대표 회의 개회식에서의 제25군 사령관 치스챠코프Чистяков 상장의 연설 속기록을 보냅니다.

첨부: 7쪽

연해주군관구 정치부 부부장

바비코프Бабиков 근위대좌.

북조선 도임시인민위원회 대표회의 개회식에서

치스챠코프 상장의 연설 속기록

1945년 10월 8일

친애하는 여러분!

조선은 35년간 일본 제국주의 식민 통치하에 있었습니다.

35년 동안 일본 제국주의자들은 조선을 약탈하고 파괴했으며, 조선 인민들에게 강제로 세금을 부과하고 빵과 식료품, 산업에 쓰일 자원을 빼앗았습니다. 일본인들은 조선 인민과 국가의 재산인 석탄, 광석, 아연, 납, 금, 은, 삼림 등을 빼앗아 자신의 소유로 만들었습니다. 또 일본인들은 집회와 언론의 자유를 말살했습니다. 일본인들은 인민민주주의의 요소를 모두 말살하고, 어떤 계층과 민주주의 정당도 정부 통치에 참여하지 못하도록 배제하였습니다. 그들은 조선의 자주권을 빼앗고 정부를 없앴습니다. 일본인들은 조선의 민족문화를 말살했으며 모국어 사용을 금지했습니다.

일본 군부는 결국 고통스럽고 피로 얼룩진 전쟁에 조선 인민들을 내보냈고, 동아시아에 "새로운 질서"를 세우겠다며 마지막 피 한 방울까지 뽑아냈습니다. 그 질서 속에서 일본인들은 통치자로 행세하고 조선을 포함한 아시아의 모든 민족은 그들의 영원한 노예가 될 것이었습니다.

지난 세기 일본인들은 바로 그러한 목적으로 조선에 침입했고, 1910년 조선을 식민지로 만들었습니다. 이러한 목적을 가지고 일본은 중국과 전쟁을 시작했으며 만주를 점령했습니다. 그리고 1941년 12월, 미국과 영국에 대해 공격을 감행했습니다. 일본은 전 세계를 차지해 분할할 생각으로 독일과 손을 잡았습니다.

중국과 일본의 전쟁, 일본의 만주점령, 일본에 의한 조선의 노예화, 영국과 미국에 대한 일본의 공격은 일본 제국주의의 약탈 전쟁으로 이해할 수 있습니다.

소련 민족은 이런 전쟁에 항상 반대했습니다. 반대로, 우리는 일본 압제자들에 대한 조선민족의 투쟁, 일본 제국주의에 대항한 중국, 영국, 미국의 전쟁을 정당한 전쟁이자 모든 민주주의 국가의 신성한 과업이라 여겼습니다.

소련 정부는 바로 이 때문에, 전쟁을 서둘러 종식시키고 이들 민족의 고통과 희생을 줄이기 위해, 그리고 유럽과 만주 인민을 해방하고자 금년 8월 9일 일본과의 전쟁에 참전했습니다.

소련 정부가 일본과의 전쟁에 나선 데는 일본으로부터 자신의 것을 받아내야 하기 때문이기도 합니다. 1905년 일본인들에 의해 점령당한 러시아의 고유한 영토를 돌려받아야 합니다. 우리는 1918년~1922년 우리 민족을 대상으로 한 일본의 만행과 학대에 대해 복수하여야만 합니다. 우리는 일본 침략자들의 위협으로부터 위대한 우리 조국의 국경을 지켜내야만 합니다.

바로 그런 고귀하고 숭고한 목적을 가지고 붉은군대는 일본인들을 물리치고 아시아 민족, 특히 조선 인민과 만주 민족을 해방시키기 위해 일본 침략자들의 머리 위로 복수의 칼을 들어 올렸습니다.

극동 지역 일본과의 전쟁에 소련이 개입한 일은 근본적 변화를 가져왔습니다. 붉은군대는 일본군에 결정적 타격을 가했습니다. 일본군이 우리의 맹공을 버티지 못하고 후퇴했다는 것이 참전 다음 날에 이미 분명해졌습니다. 그리고 8월 10일 일본 정부는 항복에 관해 언급하기 시작했습니다. 일본은 무조건 항복하여 패배를 인정하고 무기를 내려놓는 것을 받아들일 수 밖에 없었습니다.

붉은 군대는 소련의 대원수 스탈린 동지가 부여한 임무를 훌륭히 수행하였고 이에 대해 큰 감사를 받았습니다.

일본 제국주의자들을 물리쳐 극동지방에서의 죄악으로 가득한 전쟁과 침략의 기반, 약탈자들을 제거한 후, 붉은군대는 일본의 압제로부터 조선 인민을 해방시키고 힘겨운 예속으로부터 구출했습니다. 이로써 붉은군대는 조선 인민의 가장 진실한 친구임을 증명했습니다. 조선은 이제 자유롭고 자주적인 국가로 설 수 있는 모든 가능성을 갖게 되었습니다.

여러분의 나라 앞에는 밝은 미래가 열렸습니다. 지금 조선 인민의 삶에는 새로운 시대가 열리고 있습니다. 그것은 자유 시대이며 조선 정부의 자유와 자주권을 세우는 시대입니다.

현재 여러분의 땅에 있는 붉은군대는 어떤 사리사욕도 추구하지 않습니다.

우리는 여러분의 영토와 토지를 점령하려는 목적을 갖고 있지 않습니다. 오히려 여러분 민족과 영토를 일본의 압제로부터 해방시킨 후, 여러분의 정부에 자주권을 되돌려주어 온전히 보존하려 합니다.

우리는 조선 인민의 사적, 공적 재산을 빼앗으려 하지 않습니다. 오히려 북조선 인민의 사적, 공적 재산은 소련 정부의 보호를 받을 것입니다.

여러분의 영토에서 일본 침략자들을 몰아낸 붉은군대는 이곳에 소비에트 정부를 수립하여 소련식 질서를 세우려는 의도를 가지고 있지 않습니다.

조선 인민의 자주 민주 국가 건설은 조선 인민의 손으로 직접 이루어져야 합니다. 이제 여러분은 여러분의 땅에 여러분 국민들 자신이 원하는 정부를 세우고 질서를 수립해야만 합니다. 우리는 전 조선 인민의 이익과 소망을 표현하는 부르주아-민주주의 정부, 모든 반일 민주주의 정당과 조직을 아우르는 폭넓은 세력을 기반으로 한 정부의 수립을 지원할 것입니다.

조선에 일본의 통치를 다시 세우려는 목적을 갖지 않는 한, 그리고 일본 압제의 모든 흔적을 제거하고 조선의 자유국가로의 발전과 조선 인민의 문화 수준 향상을 근본목표로 삼는다면, 소련 사령부는 민주주의 정당 및 단체들과 그 활동을 방해하지 않을 것입니다.

조선 인민의 모든 계층이 국가의 통치에 대해 권리를 행사할 수 있음은 분명한 사실입니다. 조선의 농부이건 지주이건, 그리고 노동자이건 자본가이건 상인이건, 이 모든 사람들이 신조선 건설에 관한 문제를 논할 권리를 가져야만 합니다. 언론의 자유, 집회의 자유, 인쇄출판의 자유는 최대한 빨리 보장되어야 합니다. 학교, 교육 및 문화 기관, 병원과 다양한 편의시설에 관련된 업무를 정상적으로 지원해야만 합니다. 또한 종교와 종교의식의 자유를 보장해야만 합니다.

북조선 인민들과 그 통치부가 참석한 현 회의는 경제와 정치 분야에서 비할 바 없이 중요하고 긴급한 과제들을 해결해야만 합니다.

국가의 정상적 활동과 민생 안정을 이루기 위해 우선 모든 산업시설과 공장, 공공시설, 여타 기업 업무, 그리고 철도와 통신 수단을 정상화시켜야 합니다.

본 회의는 산업시설과 운송수단의 상태를 면밀히 분석하고 모든 기업을 정상화하기 위한 지원의 형태와 방법을 결정해야만 합니다. 원료와 수단의 공급, 설비와 그 기술적 적합성을 고려해야 하고, 간부 인력, 그리고 그중에서 무엇보다도 우선 기술자와 전문가들에 대해 고려해야만 합니다. 가능하다면, 간부를 양성하고 숙련된 노동자, 엔지니어, 기술자를 양성할 다양한 교육기관을 설립해야 합니다. 어떠한 사업을 먼저 실시할지 결정해야만 하며, 주민들에게 필요한 상품을 제공하기 위해서 우선 대중적으로 소비되는 상품을 생산하는 사업체의 업무가 정상화되게끔 조직해야만 합니다. 일찍이 군수품을 생산하던 일련의 공장들을 평화 시 생산 체제로 전환하는 가능성에 대해 논의해야만 합니다. 직업연맹 조직, 그리고 기업들과의 단체협약 체결의 필요성과 가능성을 노동자와 근로자들에게 직접 널리 설명해야만 합니다. 산업과 교통수단, 그리고 국가 경제의 정상적 발전을 신속히 이룰 수 있도록 지원하는 일련의 결정을 채택하는 것—그것이 본회의의 첫 과제입니다.

시민들과 공장근로자들, 광산과 기관에 식료품을 공급하는 문제와 산업시설에 대한 농산물원료 공급 문제 또한 해결되어야 합니다. 이와 관련하여 정부의 농산물 조달 및 분배와 관련된 심각한 문제가 있습니다. 일본 침략자들은 약탈적 조달규정을 만들었습니다. 모두 알다시피 그들은 농민의 수확량 전체를 몰수해 갔으며, 식료품 거래를 금지시켰고, 그렇게 가능한 최대한의 식량을 약탈하였습니다. 도시와 농촌의 조선인들은 기아 상태에 놓였습니다. 붉은군대 사령부는 이 같은 약탈규정을 축소시키는 데 그치지 않고 즉각적으로 폐지할 것입니다. 이런 규정이 수많은 농민들을 파멸로 인도했기 때문입니다. 본회의는 농업문제에 대한 가장 합목적적인 방향과 형태를 논의하고 분배규정을 마련해야만 합니다. 이것이 본회의의 두 번째 과제입니다.

국가 경제에 특히 큰 주의를 기울여야 합니다. 농업경제를 살리는 결정적 조치가 즉각 취해져야 하고, 소득의 원천을 정확히 고려해야 하며, 경제적인 소비를 계획하고 국내에서 안정된 환율을 유지해야 합니다. 어떤 국가나 정부도 공업과 무역, 국민의 세금과 국채로부터 오는 세입으로 국가 예산을 보장하지 않고서는 존재할 수 없습니다. 공업과 무역의 정상적 발전을 위해 충분한 재정지원 역시 보장되어야 합니다. 그러기 위해서 개인 투자와 무역으로부터의 이익이 은행으로 유치되도록 하는 방안이 논의되어야 합니다. 그리고 지금부터 모든 소득은 조선인의 이익과 그들의 필요를 만족시키기 위해 사용되는 것이며, 세계지배라는 악의적 이념을 실현하기 위해 이를 낭비했던 일본 침략자들을 위한 것이 아님을 조선 국민들에게 알려야 합니다. 재정 조치와 관련하여, 매점매석과의 전쟁을 고려해야 합니다. 이를 위한 법의 징벌조항이 충분하지 못합니다. 시장에 영향을 줄 수 있는 근본적인 상업 형태를 고안해내고, 국가의 재정체계를 무너뜨리는 투기꾼들의 모든 시도를 제거해야만 합니다. 이것이 본회의의 세 번째 과제입니다.

친애하는 여러분!

현재 조선에는 제 기능을 하고 있는 중앙정부가 아직 없습니다. 여러분들이 대표로 있는 임시 자치위원회가 조선 인민의 자유롭고 자주적인 국가를 수립하는 엄청난 과제를 수행하고 있습니다. 여기에 여러분이 하는 일의 의의가 있고, 이것이 여러분의 커다란 역사적 과업입니다.

우선적 과제는 침략자 일본의 패배로 생겨난 가능성들을 활용하기 위해 먼저 민주적 방법에 의해 구성된 권력 기관을 제 자리에 세우는 것입니다. 모든 조선인의 이익을 온전히 실현시킬 수 있는 그런 권력기관을 세우는 문제를 생각하고 해결하도록 여러분에게 촉구합니다. 그리고 촌장과 면장 선거, 읍과 군 행정부, 시 행정 및 위원회의 즉각적인 선거에 대해 논하는 것은 당연합니다. 이에 관해서 심사숙고해야 할 것이며, 선거규정과 지역 권력기관의 설립규정과 관련해서는 명확하고 확실하게 하여야 합니다.

국가의 농업경제 및 문화생활을 보다 면밀히 연구, 관리하는 과제를 수행하며, 아울러 북조선 지역의 중심의 적절한 건설 방향에 대해 판단을 제시해야 합니다. 본 회의가 책임질 가장 중요한 과제들은 이와 같습니다.

여러분!

여러분의 유익한 과업에 최대한의 성과가 있기를 바라며, 이 회의를 소련군 사령부의 이름으로 개최합니다.

19

제2극동전선군 부대들에 보내는 명령

KWRB-0032, ЦАМО

전투 부대로

1945년 9월 2일 제0769호

소비에트사회주의공화국연방 중앙집행위원회와 인민위원회의 1935년 9월 22일자 결정에 따라 채택된 "붉은군대 지휘 성원의 복무에 관하여"에 의거하여 소비에트사회주의공화국연방의 명령으로 설정된 특수 시험들을 통화한 다음의 하사관 및 전사에게 다음과 같은 군사 계급을 수여한다.

중위

1. 제2극동전선군 소속 경무지휘관보 반 쯘Ван цзюнь 중사
   1915년 출생, 중국인, 1935년 중국 공산당 입당,
   1945년 군사 사범 대학 1년 반 과정 수료, 1942년 붉은군대 입대

2. 제1극동전선군 소속 경무지휘관보 두앙 다찌Дуан да цзи 상사
   1913년 출생, 중국인, 무소속,
   1945년 군사 사범 대학 1년 반 과정 수료, 1942년 붉은군대 입대.

3. 제2극동전선군 소속 경무지휘관보 인 데푸Ин дэ фу 중사
   1918년 출생, 중국인, 1937년 중국 공산당 입당,
   1945년 군사 사범 대학 1년 반 과정 수료, 1942년 붉은군대 입대.

4. 제1극동전선군 소속 경무 부지휘관 마 커졩Ма кэ чжень 특무 상사
   1919년 출생, 중국인, 1936년 중국 공산당 입당,
   1945년 군사 사범 대학 1년 반 과정 수료, 1942년 붉은군대 입대.

5. 자바이칼전선군 소속 경무지휘관보 순 밍Сун мин 전사
   1909년 출생, 중국인, 1927년 중국 공산당 입당,
   1945년 군사 사범 대학 1년 반 과정 수료, 1943년 붉은군대 입대.

6. 자바이칼전선군 소속 경무지휘관보 탕 완위Тан ван ю 상사
   1920년 출생, 중국인, 1943년 중국 공산당 입당,
   1945년 군사 사범 대학 1년 반 과정 수료, 1942년 붉은군대 입대.

7. 제2극동전선군 소속 경무 부지휘관 우 창웬У чан вень 특무 상사
   1919년 출생, 중국인, 1937년 중국 공산당 입당,
   1945년 군사 사범 대학 1년반 과정 수료, 1942년 붉은군대 입대.

8. 제1극동전선군 소속 경무 사령관 보조원 우 쩽유위У чжен юй 특무 상사
   1916년 출생, 조선인, 1937년 중국 공산당 입당,
   1945년 군사 사범 대학 1년 반 과정 수료, 1942년 붉은군대 입대.

9. 제2극동전선군 소속 경무 부지휘관 쨔오 수옝Цзяо шу янь 특무 상사
   1918년 출생, 중국인, 1936년 중국 공산당 입당,
   1945년 군사 사범 대학 1년 반 과정 수료, 1942년 붉은군대 입대.

10. 제1극동전선군 소속 경무 부지휘관 찐 완이Цзин ван и 특무 상사
    1917년 출생, 중국인, 1936년 중국 공산당 입당,

1945년 군사 사범 대학 1년 반 과정 수료, 1942년 붉은군대 입대.

11. 제1극동전선군 소속 경무 사령관 보조원 찐 윤상Цзин юн сань 특무 상사

1912년 출생, 조선인, 1932년 중국 공산당 입당,

1945년 군사 사범 대학 1년 반 과정 수료, 1942년 붉은군대 입대.

12. 제2극동전선군 소속 경무 부지휘관 샹 리지Шан ли чжи 특무 상사

1912년 출생, 중국인, 1936년 중국 공산당 입당,

1945년 군사 사범 대학 1년 반 과정 수료, 1942년 붉은군대 입대.

소위

13. 제2극동전선군 소속 경무 사령관 보조원 고 주파Го дю фа 상사

1911년 출생, 중국인, 1942년 중국 공산당 입당,

1945년 군사 사범 대학 1년 반 과정 수료, 1942년 붉은군대 입대.

14. 제2극동전선군 소속 경무 사령관 보조원 가오 쨔류Гао цзя лю 중사

1923년 출생, 중국인, 1938년 중국 공산당 입당,

1945년 군사 사범 대학 1년 반 과정 수료, 1942년 붉은군대 입대.

15. 자바이칼전선군 소속 경무 사령관 보조원 류 창쮸잉Лю чан цзюань 중사

1923년 출생, 중국인, 1943년 중국 공산당 입당,

1945년 군사 사범 대학 1년 반 과정 수료, 1942년 붉은군대 입대.

16. 제2극동전선군 소속 경무 사령관 보조원 리 쭌Ли цзюнь 하사

1908년 출생, 중국인, 19??년 중국 공산당 입당,

1945년 군사 사범 대학 1년 반 과정 수료, 1942년 붉은군대 입대.

17. 제2극동전선군 소속 경무 사령관 보조원 루 량풍^{Лу лянь фун} 상사

    1922년 출생, 중국인, 1939년 중국 공산당 입당,

    1945년 군사 사범 대학 1년 반 과정 수료, 1942년 붉은군대 입대.

18. 제1극동전선군 소속 경무 사령관 보조원 류 지위안^{Лю чжи юань} 상사

    1915년 출생, 중국인, 1937년 중국 공산당 입당,

    1945년 군사 사범 대학 1년 반 과정 수료, 1942년 붉은군대 입대.

19. 자바이칼전선군 소속 경무 부지휘관 류 위치안^{Лю юй цюань} 특무 상사

    1917년 출생, 중국인, 1940년 중국 공산당 입당,

    1945년 군사 사범 대학 1년 반 과정 수료, 1942년 붉은군대 입대.

20. 제1극동전선군 소속 경무 사령관 보조원 린 순수^{Лин сун су} 상사

    1912년 출생, 조선인, 1932년 중국 공산당 입당,

    1945년 군사 사범 대학 1년 반 과정 수료, 1942년 붉은군대 입대.

21. 제1극동전선군 소속 경무 사령관 보조원 리 짜이윈^{Ли цзай юнь} 중사

    1924년 출생, 조선인, 1943년 중국 공산당 입당,

    1945년 군사 사범 대학 1년 반 과정 수료, 1942년 붉은군대 입대.

22. 제1극동전선군 소속 경무 사령관 보조원 리풍주^{Ли фын чжу} 하사

    1901년 출생, 조선인, 1931년 중국 공산당 입당,

    1945년 군사 사범 대학 1년 반 과정 수료, 1942년 붉은군대 입대.

23. 제1극동전선군 소속 경무 사령관 보조원 퍄오 쳉제^{Пяо чен чжэ} 중사

    1913년 출생, 조선인, 1936년 중국 공산당 입당,

    1945년 군사 사범 대학 1년 반 과정 수료, 1942년 붉은군대 입대.

24. 제1극동전선군 소속 경무 사령관 보조원 퍄오 창춘^{Пяо чан чунь} 전사

    1914년 출생, 중국인, 1935년 중국 공산당 입당,

1945년 군사 사범 대학 1년 반 과정 수료, 1942년 붉은군대 입대.

25. 자바이칼전선군 소속 순 샤오이^{Сун сяо и} 중사

1919년 출생, 중국인, 1945년 중국 공산당원 후보 등록,

1945년 군사 사범 대학 1년 반 과정 수료, 1942년 붉은군대 입대.

26. 제2극동전선군 소속 경무 부지휘관 순 당쉬안^{Сун дянь сюань} 상사

1920년 출생, 중국인, 1939년 중국 공산당 입당,

1945년 군사 사범 대학 1년 반 과정 수료, 1942년 붉은군대 입대.

27. 제1극동전선군 소속 경무 사령관 보조원 세이 신치^{Сей син ци} 상사

1918년 출생, 중국인, 1943년 중국 공산당 입당,

1945년 군사 사범 대학 1년 반 과정 수료, 1942년 붉은군대 입대.

28. 자바이칼전선군 소속 경무 부지휘관 순 찌싼^{Сун чжи шань} 중사

1913년 출생, 중국인, 1943년 중국 공산당 입당,

1945년 군사 사범 대학 1년반 과정 수료, 1942년 붉은군대 입대.

29. 제1극동전선군 소속 경무 사령관 보조원 슈이 바오인^{Сюй бао ин} 하사

1920년 출생, 중국인, 1941년 중국 공산당 입당,

1945년 군사 사범 대학 1년반 과정 수료, 1942년 붉은군대 입대.

30. 제2극동전선군 소속 경무 사령관 보조원 샤 픈린^{Ся фын лин} 중사

1917년 출생, 중국인, 1938년 중국 공산당 입당,

1945년 군사 사범 대학 1년반 과정 수료, 1942년 붉은군대 입대.

31. 제2극동전선군 소속 경무 사령관 보조원 푸 고첸^{Фу го чжень} 중사

1917년 출생, 중국인, 1945년 중국 공산당 입당,

1945년 군사 사범 대학 1년 반 과정 수료, 1942년 붉은군대 입대.

32. 제1극동전선군 소속 경무 사령관 보조원 해 이수^{Хай и сю} 특무 상사

1913년 출생, 조선인, 1935년 중국 공산당 입당,

1945년 군사 사범 대학 1년 반 과정 수료, 1942년 붉은군대 입대.

33. 제1극동전선군 소속 경무 부지휘관 후안 쎈파Хуань шень фа 상사

1920년 출생, 중국인, 1943년 중국 공산당 입당,

1945년 군사 사범 대학 1년 반 과정 수료, 1942년 붉은군대 입대.

34. 제2극동전선군 소속 경무 부지휘관 치 찐판Ци цзин фан

1917년 출생, 중국인, 1945년 중국 공산당 입당,

1945년 군사 사범 대학 1년 반 과정 수료, 1942년 붉은군대 입대.

35. 자바이칼전선군 소속 경무 사령관 보조원 차오 방이Цяо бань и 상사

1913년 출생, 중국인, 1942년 중국 공산당 입당,

1945년 군사 사범 대학 1년 반 과정 수료, 1942년 붉은군대 입대.

36. 자바이칼전선군 소속 경무 사령관 보조원 찌 시린Цзи си лин 중사

1923년 출생, 중국인, 중국 공산주의 청년동맹원,

1945년 군사 사범 대학 1년 반 과정 수료, 1942년 붉은군대 입대.

37. 제1극동전선군 휘하의 찐 안춘Цзин янь чунь 중사

1920년 출생, 조선인, 1943년 중국 공산당 입당

1945년 군사 사범 대학 1년반 과정 수료, 1942년 붉은군대 입대.

38. 자바이칼전선군 소속 경무 사령관 보조원 짠 픈차오Цзян фын цзао 하사

1918년 출생, 중국인, 1940년 중국 공산당 입당

1945년 군사 사범 대학 1년반 과정 수료, 1942년 붉은군대 입대.

39. 제1극동전선군 소속 경무 사령관 보조원 짠 샨하오Цзян сян хао 하사

1919년 출생, 조선인, 1936년 중국 공산당 입당

1945년 군사 사범 대학 1년 반 과정 수료, 1942년 붉은군대 입대.

40. 제1극동전선군 소속 경무 사령관 보조원 찐 이산цзин и сян 하사

1921년 출생, 조선인, 1942년 중국 공산당 입당

1945년 군사 사범 대학 1년 반 과정 수료, 1942년 붉은군대 입대.

41. 제1극동전선군 소속 경무 사령관 보조원 찐 첸둔цзин чжень дун 특무
상사

1923년 출생, 조선인, 1943년 중국 공산당 입당

1945년 군사 사범 대학 1년 반 과정 수료, 1942년 붉은군대 입대.

42. 제1극동전선군 휘하의 쮜이 인대цзюй ин дэ 중사

1917년 출생, 조선인, 1937년 중국 공산당 입당

1945년 군사 사범 대학 1년 반 과정 수료, 1942년 붉은군대 입대.

43. 제1극동전선군 소속 통역 짠 후안조우цзян хуан чжоу 중사

1924년 출생, 중국인, 1945년 중국 공산당 입당

1945년 군사 사범 대학 1년 반 과정 수료, 1942년 붉은군대 입대

44. 제1극동전선군 소속 경무 사령관 보조원 찐 첸고цзин чен го 전사

1920년 출생, 조선인, 1941년 중국 공산당 입당

1945년 군사 사범 대학 1년 반 과정 수료, 1942년 붉은군대 입대.

45. 제1극동전선군 소속 경무 사령관 보조원 찐 치민цзин цзы мин 전사

1905년 출생, 조선인, 1936 중국 공산당 입당

1945년 군사 사범 대학 1년 반 과정 수료, 1942년 붉은군대 입대.

46. 제1극동전선군 소속 경무 사령관 보조원 츄안 벤세цзюань бен сэ 중사

1912년 출생, 조선인, 1936년 중국 공산당 입당

1945년 군사 사범 대학 1년 반 과정 수료, 1942년 붉은군대 입대.

47. 자바이칼전선군 휘하의 찬 후프치[Чжан хупы чи] 전사

1917년 출생, 조선인, 1938년 중국 공산당 입당

1945년 군사 사범 대학 1년 반 과정 수료, 1942년 붉은군대 입대.

48. 자바이칼전선군 소속 경무 사령관 보조원 찬 주이린[Чжан жуй лин] 하사

1910년 출생, 중국인, 1933년 중국 공산당 입당

1945년 군사 사범 대학 1년 반 과정 수료, 1942년 붉은군대 입대.

49. 제1극동전선군 소속 경무 사령관 보조원 첸 샨쥬[Чен сянь цзюй] 상사

1913년 출생, 중국인, 1941년 중국 공산당 입당

1945년 군사 사범 대학 1년 반 과정 수료, 1942년 붉은군대 입대.

50. 제2극동전선군 소속 경무 사령관 보조원 차오 랸쥰[Чжао лян чжун] 중사

1920년 출생, 중국인, 1941년부터 중국 공산주의 청년동맹원

1945년 군사 사범 대학 1년반 과정 수료, 1942년 붉은군대 입대.

51. 제2극동전선군 소속 경무 부지휘관 찬 샨[Чжан сян] 상등병

1921년 출생, 중국인, 1941년 공산당 입당

1945년 군사 사범 대학 1년반 과정 수료, 1942년 붉은군대 입대.

52. 제1극동전선군 소속 경무 사령관 보조원 차오 하이타오[Чжао хай тао] 중사

1918년 출생, 중국인, 1941년부터 중국 공산주의 청년 동맹원

1945년 군사 사범 대학 1년반 과정 수료, 1942년 붉은군대 입대.

53. 자바이칼전선군 소속 경무 사령관 보조원 첸 쥰쓔[Чен чун шу] 상사

1913년 출생, 중국인, 1941년 공산당 입당

1945년 군사 사범 대학 1년반 과정 수료, 1942년 붉은군대 입대.

54. 제1극동전선군 소속 경무 사령관 보조원 주안 찬체[Чуань чан чжэ] 상사

1905년 출생, 조선인, 1931년 공산당 입당

1945년 군사 사범 대학 1년반 과정 수료, 1942년 붉은군대 입대.

55. 제1극동전선군 소속 경무 사령관 보조원 차오 첸체^{Чжао Чжен Чжо} 하사

1916년 출생, 조선인, 1936년 공산당 입당

1945년 군사 사범 대학 1년반 과정 수료, 1942년 붉은군대 입대.

56. 자바이칼전선군 소속 경무 사령관 보조원 시 찐친^{Ши цзин цын} 상사

1918년 출생, 중국인, 1942년 공산당 입당

1945년 군사 사범 대학 1년반 과정 수료, 1942년 붉은군대 입대.

57. 제1극동전선군 소속 경무 부지휘관 센 픈산^{Шен фын шань} 중사

1922년 출생, 중국인, 1943년 공산당 입당

1945년 군사 사범 대학 1년반 과정 수료, 1942년 붉은군대 입대.

제2극동전선군 사령관 푸르카예프^{Фуркаев} 육군대장

제2극동전선군 군사위원 레오노프^{Леонов} 중장

제2극동전선군 참모장 셰브첸코^{Шевченко} 중장

3부 인쇄됐음

원본

국방인민위원회 주요인사관리부

88특수여단장 앞.

담당자 사마르첸코^{Самарченко}

1945년 9월

20

붉은군대 총참모부의 발표

KWRB-0034, ЦАМО

극동소련군 총사령관 바실렙스키 원수가 8월 17일에 일본 관동군사령관에게 아래와 같은 라디오 전보를 보냈다.

일본 관동군참모부가 군사행동을 정지하자는 제의를 소련군 참모부에 보냈다. 그런데 만주에 있는 일본군의 항복에 대한 언급은 한마디도 하지 않았다. 동시에 일본군은 소일전선의 여러 전선에서 반격을 취하고 있다.

나는 관동군사령관에게 아래와 같이 제의한다.

8월 20일 12시부터 모든 전선에서 소련군에 적대적인 모든 전투를 중지하며, 무기를 바치고 포로가 될 것.

위의 기한은 관동군 참모부가 저항을 중지하고 포로가 되도록 하는 명령서를 자신의 휘하 전군에 전달할 수 있도록 시간을 주는 것이다. 일본군이 무기를 바치기 시작한다면 소련군은 전투 행동을 중지할 것이다.

1945년 8월 17일 오전 6시(극동 시각)

21

일본 정부에 보내는 소련 정부의 성명

KWRB-0035, ЦАМО

1945년 8월 8일 소련의 외무인민위원장 몰로토프Молотов는 소련 정부의 명의로 일본대사 사토 씨에게 아래와 같은 성명을 일본 정부에 전하라고 말하였다.

히틀러 독일이 항복한 이후 아직까지 전쟁을 계속하고자 하는 강대국은 일본 하나뿐이다.

7월 26일, 일본은 미합중국과 영국, 중국 등 삼대 강국의 무조건 항복 요구를 거절하였다. 그렇게 함으로써 소련을 아시아 전쟁의 중재국으로 요청했던 일본 정부의 제의는 모든 근거를 상실했다.

연합국은 일본이 항복을 거부함에 따라 소련 정부에 대일전쟁에 참가하여 종전 시점을 앞당기고 희생자를 줄이며, 전반적 평화를 신속히 회복할 수 있도록 협력해 달라고 제의하였다.

연합국의 의무에 충실한 소련 정부는 연합국의 제의를 접수하였으며 금년 7월 26일 연합국 성명에 가담하였다.

소련 정부는 이 정책이 평화를 부르고 미래의 희생과 고통으로부터 인민들을 해방시키며, 독일이 무조건 항복을 거절한 이후 당했던 위험과 파괴를 모면할 가능성을 일본 민중에게 제공할 수 있는 유일한 방도라고 생각한다.

이상의 진술에 의거하여 소련 정부는 8월 9일부터 소련이 일본과의 교전 상태에 돌입하게 됨을 선언한다.

1945년 8월 8일

22

일본군 내 조선인에 대한 보고서

KWRB-0036, ЦАМО

일본군 내 조선인

제1극동전선군, 9월 12일

일본군 부대 일부에는 1944~1945년에 일본군에 징집된 조선인들이 상당수 있다. 이들 중 일부는 아군에게 포로로 잡혔고 포로수용소로 보내졌다. 이송 지점에서 조선인들은 일본인들과 분리되어 일본인들과 다른 장소로 이송된다.

일본군의 패배와 관련하여 조선인 포로들 사이에서는 민족의식이 부활하고 있고 새로운 자유 조선의 건설에 참여하고 싶다는 의지를 표현하는 대화, 모임 등이 자연스럽게 진행되고 있다. 조선인들은 반일감정이 매우 강하다. 예를 들어, 소련군이 무단장牧丹江 시내의 일본군을 격파하기도 전에 어느 부대에 있는 조선인들이 부대의 일본인들을 무장 해제시켜서 아군 사령부로 끌고 와서 항복하게 하였다. 포로가 된 조선인들은 일본인들을 보는 것도 싫다고 하였다. 그 모두가 조선에 돌아가서 자기 조국의 훌륭한 애국자로 활동할 권리를 쟁취하고 싶다고 하였다.

이러한 조선인들의 발언은 무단장 뿐만 아니라 다른 곳들, 예를 들어

기린 시 포로수용소 등에도 있었다. 붉은군대의 정치기관들은 조선인 포로들에 대한 정치사업을 진행하는 문제에 처해 있다.

자기 나라를 해방시키고 새로운 민주주의 조선의 건설에 참여하고자 하는 조선인들과의 관계에 대한 문제가 대두하였다.

극동 소련군 총사령관 예하 정치국 제7과

V. 사포즈니코프Сапожников 소장

23

극동 소련군 참모장에게 보내는 보고서

KWRB-0037, ЦАМО

극동 주둔 소련군 총사령관 참모장에게

보도(Bodo)(타자기 명칭)로 전달할 것

'G' 급

참조 : 붉은군대 총참모장

보고서

1945년 9월 초, 조선 주둔 제25군 예하 제88보병군단이 일본군 포로수용소에서 352명의 영국과 오스트리아 군인들을 석방하였다. 이들은 스코틀랜드인 4명, 미국인 4명, 브라질인 6명, 오스트리아인 46명, 영국인 292명으로 구성되어 있었다.

석방자들의 명단을 첨부한다.

명단의 영문과 러시아어 원본은 제25군 참모부와 제1극동전선군 참모부에 보관되어 있다.

제1극동전선군 참모장 크루티코프Крутиков 중장

제1극동전선군 작전국장 세묘노프Семенов 소장

일련번호 : 115/op

1945년 9월 14일

24

미군 제24군단과의 연락을 위한
제25군 통신 장교에게 보내는 지시문

KWRB-0038, ЦАМО

미군 제24군단과의 연락을 위한 제25군 통신 장교에게 보내는 지시

비밀 제1부 승인함

제25군 사령관 치스챠코프 근위 상장

제25군 군사회의 위원 레베데프 소장

1945년 9월 24일

---

1. 미국 제24군단과 연락하는 제25군의 통신장교는 부대 참모장에게 직접 보고하고 지시를 받는다.

2. 참모장의 지시와 본 지도서에 명시된 내용에 따라서만 실무를 수행해야 한다.

   통신장교의 위치는 미군 제24군단 참모부가 있는 서울이다.

3. 장교의 임무.

   ⓐ 군사회의 및 참모부와 조선 주재 미 점령군(제24군단) 간의 연락을 담당할 것.

   ⓑ 경계선(38도선)에서 미군이 정해진 규율을 준수하는지 확인

할 것.

ⓒ 미군 참모부를 통해서 경계선 주변의 소-미군 간 사건이 생겼다는 정보를 입수할 경우 즉시 참모장에게 보고하고 그의 지시에 따라 행동할 것.

ⓓ 단독으로는 어떠한 문제도 해결하지 말 것. 미군사령부의 모든 질문에는 참모장의 허락을 득한 후에만 대답할 것.

4. 군사회의 및 부대 참모부와의 연락은 전화, 라디오, 참모부 소환시 직접 방문 등의 방식으로 한다.

5. 통신장교는 자기의 임무를 수행하기 위해 정보국 장교 1명(통신장교의 보조원)과 영어 통역, 조선어 통역, 무선통신수 3명, 연락병 1명과 운전사 2명 등 보조원과 자동차 2대를 활용할 것.

제25군 참모부장 펜콥스키Пеньковский 근위중장

25

서울에 파견하는 제25군의 장교와 하사관의 명단

KWRB-0039, ЦАМО

서울에 파견하는 제25군 장교와 하사관 명단

승인함

제25군 사령관 치스챠코프 근위 상장

제25군 군사회의 위원 레베데프 소장

작전국 부국장 : 라닌Ланин 중좌

정보국 부국장 : 유리체프Юрицев 소좌

통역 : 문Мун 중위

통신병 : 시마노프Симанов 중위

연락병 : 우트킨Уткин 중좌

연락병 : 벨랴에프Беляев 중좌

개인 연락병 : 예프도키모프Евдокимов 상사

운전사 : 지모빈Зимовин 붉은군대 전사

운전사 : 갈리오파Галиопа 붉은군대 전사

제25군 참모장 펜콥스키 근위중장

제25군 참모부 작전국장 체르노바이Черновай 근위대좌

제1극동전선군 전투일지 제4권

KWRB-0040, ЦАМО

제1극동전선군 전투일지 제4권

1945년 9월

9월 1일   일본에 대한 전투 활동 중지와 관련한 연해주 지역의 계엄령 및 등화관제 해제.

9월 2일   일본군 사령부와 정부 대표들이 미국 전함 '미주리'호 (도쿄만)에서 일본의 무조건 항복 문서에 서명.

9월 2일   소련 최고사령관이며 대원수인 스탈린 동지의 대일전 승리에 대한 대인민 연설 발표.

9월 3일   소련 최고사령관이며 대원수인 스탈린 동지의 대일전 승리에 대한 373호 명령 발표.

9월 3일   대일전승절. 전선의 부대들이 승리를 성대하게 축하.

9월 6~8일   제1극동전선군 메레츠코프 소련 원수와 전선의 군사회의 위원인 쉬띄코프 상장이 만주 및 조선 (하얼빈, 묵덴, 여순, 대련, 평양) 시찰비행 실시. 1945년 9월 9일 보로실로프 시로 귀환.

9월 ?일   제126 근위보병군단이 추구예프카 지역에 총집결.

9월 ?일   제3 근위기계화군단 예하 부대들이 전선군에 편입되기 시작. 군단은 1945년 9월 12일까지 만조프카 지역에 총집결.

9월 6일   만주 및 조선 전선 최전방에서의 정찰 작전 실시에 대한 전선군 군사회의 명령 발령.

9월 8일   제1극동전선군 참모부가 무단장에서 보로실로프 시로 이동.

9월 8일   제1극동전선군 사령관이며 소련 영웅인 메레츠코프 원수에게 '승리' 훈장을 수여한다는 소련최고회의 상임위원회 정령 발령.

9월 9일   제365보병사단(제25군 소속)의 내무인민위원회 직속 호송사단으로의 재편 완료.

9월 10일   일본 관동군의 항복과 제1극동전선군에 의한 포로 획득 완료. 제1극동전선군 작전 종료.

9월 10일   소련최고회의 상임위원회가 전선의 군사회의 위원인 쉬띠코프 상장에게 '쿠투조프 1급' 훈장, 전선 참모장 크루티코프 중장에게 '수보로프 1급' 훈장 수여 정령 발령.

9월 7~18일   제126 근위보병군단 블라디보스토크 항에서 아나드리 항 /추코트카/로 이동.

9월 18일   만주와 조선의 산업기업소 해체에 대한 제1극동전선군 군사회의 명령 발령.

9월 19일   일본 제국주의자들과의 전투에서 공을 세운 제1극동전선군 부대들에 '하얼빈스키'와 '우수리스키'란 칭호를 부여하는 것에 대한 소련 최고 총사령관이며 대원수인 스탈린 동지의 제0161호 명령.

9월 19일 일본 제국주의자들과의 전투에서 공을 세운 제1극동전선군 부대들에 훈장을 부여하는 것에 대한 소련최고회의 상임위원회 명령.

9월 21일 연해주군관구의 인적 편성에 대한 붉은군대 총 참모부 제OPГ/007호 명령 발령.

9월 28일 제25군 예하 부대들의 북조선, 즉 조선의 소련군과 미군 점령지역의 분계선(북위 38도선)으로의 이동 완료.

9월 29일 전선의 강화지역 부대들이 만주 및 조선 영역에서 철수한 후 과거 자기들이 주둔했던 소련 국경 방어선에 완벽하게 전개.

9월 30일 '대일승전' 훈장 제정에 대한 소련최고회의 상임위원회 명령 발령.

10월 1일 이후 제1극동전선을 근간으로 연해주군관구 조직.

27

소일전쟁 시기 제25군의 임무에 대한 보고서

KWRB-0042, ЦАМО

전반적인 상황 및 참고 정보

부대 임무

제25군은 토폴레바야 산에서 두만강 하구까지의 국경선을 견고하게 수비하고, 제5군의 좌익 군단이 둥닝 강화지역 북쪽으로 진출하는 동시에 이를 자신의 지휘 밑에 편입, 최소 5개 사단의 병력으로 라오헤이산, 수이팡다댠즈, 투먼 방향으로 진격을 계속하여 적의 방어선을 남쪽으로 밀어내는 임무를 가지고 있었다.

최근 목표는 둥닝 거점지역을 점령하고, 진격 개시 이후 8일 이내에 라오헤이산 지역으로 돌파, 전위부대로 하여금 차후 군의 진격을 보장하는 지상 이동로들과 고개 거점들을 손에 넣은 뒤 라오헤이산 지역까지 진격하는 것이었다.

제5군은 우익에서 일본군의 볼른스키 통신망 거점과 국경 방어 지역을 돌파하여 무링, 무단장 방향으로 진격하고 있었다.

제5군과의 활동 구역 분계선은 리포브츠, 토폴레바야(모든 거점은 제5군에 속함). 제25군과의 통신 담당은 제5군 지휘관이다.

좌익에는 태평양함대가 활동하였다.

(연해주 집단군 (제1극동전선군) 지시 제0036호/45/0)

북조선 법무국 직원 명단

KWRB-0043, ЦАМО

북조선 사법국 직원 명단

번호	직위	성명
1	국장	조송파(超松坡)
2	부국장	최영달(崔參達)
3	재판처장	원전억(元錢億)
4	법무 상급보조원	윤동수(尹東秀)
5	검찰 기관 지도 상급보조원	강병준(姜炳晙)
6	변호사 및 공증인 지도 보조원	한상범(韓相範)
7	총무	차영희(車永禧)
8	비서	한장훈(韓覲訓)

사법국 군사대표.

일본 법률 폐지에 관한 명령문

KWRB-0044, ЦАМО

북조선 주둔 소련군 사령관 명령

1945년 11월 ____일 일련번호 ____호 평양시

아래와 같은 일본 법률들은 명백히 반민주주의적이고 조선 인민의 이익과 정치적 권리, 자유를 침해하는 법률들로서 금일 부로 폐기된다.

조선총독부에서 1910년부터 적용한 1889년 일본 헌법

1909년 조선총독부 재판제도에 대한 칙령

1925년 조선총독부 사회질서 유지법 도입에 대한 칙령

1936년 감시 및 질서에 대한 칙령

1941년 위험사상 선전 방지와 그 금고형에 관한 조선총독 명령

1908년 제3호 보안법

1919년 정치범 처벌에 대한 조선총독 명령

1941년 전시 사회안전유지에 대한 조선총독 명령

1938년 조선에서의 총동원 실시에 대한 칙령

1910년 집회, 시위 통제법

1909년 출판법

1908년 신문법

이와 동시에, 북조선의 재판 및 검찰 기관들이 새로운 법률을 만들 때까지는 재판 심리 시 옛 일본 형사법과 민사법을 준용할 것을 허락한다.

북조선 주둔 소련군 사령관

치스챠코프 근위대장

참모장

펜콥스키 근위중장

30

조선 독립 정부의 수립에 관한
외무인민위원회의 초안

KWRB-0045, АВПРФ

외무인민위원회 안

조선 독립 정부의 수립

조선을 독립국가로 부활시키고 그 나라가 민주주의적 기반에서 발전할 조건을 조성하기 위하여, 미국, 영국과 소련의 외무장관들이 다음과 같이 결정하였다.

조선 임시정부 수립과 관련된 문제들을 사전에 논의하기 위해 미국, 소련, 영국, 중국의 대표로 구성된 위원회를 조직한다. 이 위원회는 그 제안을 만들 때 조선의 모든 민주주의적이고 반파시스트적인 정당 및 사회단체들과 협의해야 한다.

위원회에서 작성한 권고사항들은 해당 국가들의 정부에서 검토할 수 있도록 제출하여야 한다.

31

샤닌이 보내는 북조선 주둔 소련군 사령관과 남한 주둔 미군 사령관 간 협력 방안

KWRB-0046, ЦАМО

비밀 제2부 1946년 2월 2일

제15항 : 북조선 주둔 소련군 사령관과 남한 주둔 미군사령관 간의 향후 협조방안 작성에 대하여

결정

조선 주둔 소미 양군 사령관 간의 행정 경제적 문제에 대한 지속적인 협조를 위하여 향후 필요할 경우 어느 한쪽의 요청에 따라 양군 사령부(소련군과 미군)의 대표들을 파견해서 그 문제를 특별회의에서 논의한다.

이 특별회의에는 양측 사령부가 제기하는 문제에 따라 자격 있는 대표들과 일정한 수의 고문과 전문가들을 파견할 수 있다.

특별회의의 결정은 북조선에서는 소련군 사령관, 남한에서는 미군 사령관의 승인을 받은 후에 발효된다.

특별회의 소집 장소와 시간은 소미 양군 사령부의 상의로 정해지며, 서울과 평양에서 번갈아 개최한다.

평양의 소련군 참모부와 서울의 미군 참모부 간 지속적인 연락을 위하여 소미 양군사령관은 평양-서울 전화선을 설치하여 양호한 상태로 유지하며, 연락장교의 근무시간은 9~12시와 13~17시로 정한다.

양군 사령부는 발생하는 문제들에 대한 협조를 지원하기 위하여 2~3명으로 구성된 연락조를 교환한다.

소련 대표단장 쉬띠코프 상장

미국 대표단장 A. V. 아놀드 소장

확인 : 샤닌Шанин 소장

32

쉬띄코프가 몰로토프 동지와 말렌코프 동지에게
보내는 보고서

KWRB-0047, ЦАМО

몰로토프 동지에게

말렌코프 동지에게

모스크바

조선에 대한 소미위원회 사업을 위해 해당 인민위원회에서 일한 경험이 있고 그 구조를 잘 아는 다음과 같은 문제에 대한 고문과 전문가들이 필요합니다.

1. 산업 및 산업생산 조직 전문가－2명

2. 농업 정책 전문가－2명

3. 철도 교통 조직 및 관리 전문가－2명

4. 통신 전문가(우편, 라디오, 전신, 전화)－1명

5. 은행 및 재정 전문가－2명

6. 교육 및 문화 전문가

   초중등 교육 전문가－2명

고등교육 전문가-1명

예술 전문가-2명

종교 전문가-1명

 7. 동양 역사 전문가-2명

 8. 헌법, 국법 및 행정법 전문가-2명

 9. 검찰 및 법원 전문가-2명

10. 공공안보 전문가-3명

11. 국제노조운동 문제 전문가-1명

보건 및 민주정당 전문가를 비롯해 기타 여러 문제에 대한 전문가 11인을 현지에서 선발할 것입니다.

상기한 전문가들은 향후 조선 임시정부 부서의 고문 역할을 맡을 수 있도록 선출해야 합니다.

승인된 전문가들은 평양에 있는 소미공동위원회 우리 대표단 관할로 조속히 파견해 주기를 요청합니다.

쉬띠코프

1946년 3월 7일

33

레베데프가 쉬띠코프에게 보내는
서울라디오 방송에 관한 보고서

KWRB-0048, ЦАМО

군 정치국 제7과에서 수신한 금년 3월 11일 자 서울라디오방송을 보고함.

하지 장군의 연설이 조선어로 방송되었다. 하지 장군은 미국 대표들이 소미공동위원회 개최를 앞두고 다음과 같은 목표를 설정하였다고 한다.

조선 인민에게 언론의 자유, 출판의 자유, 집회의 자유 등을 보장할 것.

민주주의운동을 전개 및 확산시키고, 공산당을 포함한 모든 민주적 정당과 사회단체들의 권리를 보장할 것.

모든 민주적 정당과 단체들의 동의하에 조선에 민주주의임시정부를 수립할 것.

조선의 정치적, 경제적 발전을 위한 조건들을 마련할 것.

"나는 남북조선의 모든 정당과 단체들이 조선 민주주의임시정부 수립에 적극 참여할 것을 호소한다. 나는 소련도 이에 동의해주기를 바란다."

여러 신문들은 오직 한국민주당과 한국군부흥연맹 등 단체들의 추천서를 받은 자만이 경찰학교에 입학할 수 있다는 소식과 관련하여, 이들이 조선 인민의 다른 대표자들에 비해 그 어떠한 특혜도 누리지 않는다고 하였다. 경찰학교에는 어느 누구나 들어갈 수 있으며, 이를 위해서 교육부와 경찰국장의 명령서만 있으면 된다고 하였다.

통위부 소식을 전달함. 항구에서 젊은이 45명이 동원되어 해안경비대에 입대하였다. 동원된 자들은 2,000명을 수용 가능한 잘 정비된 특수학교에서 훈련을 받고 있다.

레베데프Лебедев, 번역 : 코진Козин, 키레예프Киреев 중사 동참

34

쉬띄코프가 몰로토프 동지에게 보내는 보고서

KWRB-0049, ЦАМО

몰로토프 동지에게

모스크바

위원회 사업 개시일부터 미국인들은 공동성명서를 통해 공동위원회에서의 협의 경과에 대해 언론에 체계적으로 보도하는 문제를 제기할 것입니다.

회담 상황에 따라 우리 대표단이 공동성명서를 발표할 수 있는 권한을 부여해주기 바랍니다.

우리 매체도 공동성명서뿐만 아니라 귀하가 우리에게서 받을 정보자료를 통해 위원회 회담 과정을 보도하는 것이 바람직하다고 생각합니다.

이 두 가지의 문제에 대하여 귀하의 지시를 청합니다.

쉬띄코프

1946년 3월 14일

35

쉬띠코프가 쉬킨 동지와 로조프스키 동지에게 보내는 서한

KWRB-0050, ЦАМО

쉬킨 동지에게

로조프스키 동지에게

전선으로 수신. 긴급.

모스크바

귀하의 참고를 위하여 김구와 이승만의 경력을 전달합니다.

쉬띠코프

1946년 3월 15일

36

김구 정치 경력

KWRB-0051, ЦАМО

민족주의자. 조선 망명임시정부의 수반임. 71세.

18세부터 조선의 민족주의운동에 활발히 참여하였다. 일본 경찰의 추적을 피해 중국으로 망명하였다. 일본인들이 명성황후를 살해한 후 귀국해서 일본 장교들을 대상으로 테러 활동을 전개했다. 일본인들에게 체포되고 수감되었다가 곧 탈옥하였다. 테라우치 총독 암살시도가 실패한 후, 다시 투옥되었고 형기를 다 마치고 나서야 석방되었다. 1919년 3월 운동에 참여하였고 그 실패 후 중국으로 떠나서 망명 임시정부에 가입한다. 1940년에 충칭에서 '임시정부'를 수립해서 그 수반이 되었다.

김구의 '임시정부'는 1945년 11월 23일에 조선으로 귀환하였다. 서울의 부르주아민주주의 정당들이 김구의 정부를 지지하고 이를 조선의 유일한 합법정부로 인정받기 위한 선전을 적극적으로 진행하였다. 과거 일본인들을 섬겼던 모든 반동인사들의 연맹이라 할 수 있는 민주당 우익이 그를 특별히 지지하였다.

김구 자신은 민주주의 원칙을 지킨 적이 없다. 망명 시기 자기 정부의 회의 때 그는 "장래의 조선은 다른 아시아의 국가와 다르지 않고, 다르지 않아야 한다. 그것은 혁명적이지 않을 것이다"라고 한 적이 있다.

모스크바3상회의의 조선 문제에 대한 결정이 발표된 후, 그와 그의 정부는 반소련, 반연합국적인 활동을 시작하였다. 1945년 12월 30일, 그는 서울의 『조선인민보』에 기사를 실었는데, 이 기사의 내용 중 다음과 같은 발언이 있다. "그러한 결정이 발표된 후, 소련, 미국, 영국, 중국에 대한 우리의 태도는 우호적일 수가 없다. 우리는 모든 힘을 동원해서 보호령 반대 운동을 조직해야 한다."

조선에 대한 3상회의 결정이 발표된 후, 김구 집단은 반탁위원회를 조직하였으며 신탁통치를 반대하는 시위를 벌이고 연합국에 반대하는 봉기를 선동하는 호소문을 발표하였다. "포츠담회의가 조선의 완전한 독립에 대한 결정을 채택했음에도 불구하고 모스크바회의가 모두를 속이는 결정을 발표하였다. 우리는 이 결정을 반대하는 투쟁을 필사적으로 벌여야 한다. 모든 사람들은 목숨을 걸고 반탁운동에 나서야 하며, 이 운동을 방해하는 사람들에 대해서는 가장 결정적인 조치를 취해야 한다."

1946년 1월 4일, 김구는 반동적인 정당들만 참여하는 비상국민회의 소집을 위한 발언을 하였다. 이 회의는 2월 14일에 김구를 총리로 하는 '민주의원'을 조직하였다. 김구는 조선으로 돌아온 날부터 반동분자들을 지휘해 왔고, 남북조선의 민주주의적 정치가들에 대한 테러 활동의 선동자이며 조직자이다. 성향은 친미적이고 친중국적이다. 미국인들은 김구를 총리로 예정하고 있다.

37

이승만 정치 경력

KWRB-0052, ЦАМО

이승만 자신의 발언에 따르면, 그는 아무 정당에도 속해있지 않다. 현재 비상국민회의가 1946년 2월 14일에 설치한 '민주의원'의 의장이다. 70세. 33년 동안 해외에서 망명 생활을 하였다. 역사학 및 철학 교수이다.

1919년 4월 상해에서 대한민국을 선포한 민족회의가 개최되었다. 임시정부의 초대 대통령에 이승만이 선출되었다. 이 정부가 발족한 날부터 정부와 대통령은 친미적인 입장을 취했다. 그러나 국내의 혁명운동과 연계하지 못했던 상해 정부는 곧 그 활동을 중단했고, 이승만은 워싱턴으로 떠나 1945년 10월까지 그곳에서 거주했다.

1940년 김구의 '임시정부'가 발족하여 이승만은 이 정부의 워싱턴 주재 특별대표가 되었다. 이 시기에 이승만은 대일전을 수행하는 미국에 감사의 뜻을 자주 표하였고 소련이 대일전에 참전하지 않은 것에 불만을 토로하였다.

조선에 도착한 직후 이승만은 서울에 이미 존재했던 인민정부(중앙인민위원회)와의 투쟁에 적극적으로 나섰고 인민위원회들의 해산을 지지하였다.

1945년 12월 19일 서울라디오 방송에 출연하여 조선공산당을 공격하고 조선 인민을 우둔하고 무지하다고 비난했으며, 소련과 그 남동유럽 정책을 노골적으로 비난하였다. 1946년 1월 12일 이승만은 김구 정부의 인사들 및 다른 반동분자들과 함께 반탁시위를 벌였고, 공산당과 인민당 지도자를 살해하자고 호소했으며, 소련을 조선 인민의 적으로 묘사하였다. 이들은 1946년 1월 18일에도 유사한 시위를 조직하였다. 신탁에 대한 타스통신의 자세한 설명이 발표되었음에도 이승만과 그의 지지자들은 모스크바회의 결정에 대한 불만을 표하는 발언을 수차례 하였다.

1946년 1월 29일 이승만은 대동신문에서 "신탁을 요구하지 않았던 소련은 반동분자들이 반탁운동을 조직하고 있다고 하며, 10년 동안의 신탁을 제안한 미국의 군정은 반탁운동을 지지하고 있다. 타스통신의 보도는 모순적이다"라고 하였다.

이승만은 현재 우익 지도자 중 한 명이고 그 성향은 친미적이다.

미국인들은 이승만을 대통령으로 예정하고 있다.

38

몰로토프가 쉬띄코프와 차랍킨Цapaпкин 동지들에게 보내는 지시

KWRB-0053, ЦАМО

서울의 쉬띄코프 동지, 차랍킨 동지에게

극비

모스크바에서

제35호에 대한 회신

미국인들과 협상할 때 변함없이 우리의 지시를 계속 따르십시오.

1. 미국인들이 제안하는 임시인민민주주의정부 수립 절차와 방법은 모스크바회의 결정에 어긋나므로 거절해야 합니다. 이 결정에는 다음과 같이 기록되어 있습니다. "위원회는 계획안 작성 시 조선의 민주적 정당 및 사회단체와 협의하여야 한다." 모스크바 결정에 의거한 우리 제안과 달리, 미국인들은 위원회가 조선의 민주적 정당과 사회단체가 아니라 미군 사령부 소속의 어떤 자문기구와 상의할 것을 제안합니다. 이 기구는 조선의 기본적인 민주정당들을 모두 대표하지도 못하는 것입니다.

2. 귀하의 논지는 다음과 같은 기조를 유지해야 합니다.

소미공동위원회의 목적은 조선과 관련한 중요한 문제들, 요컨대 조선 민주주의임시정부 수립을 준비하는 것이다.

조선에 민주주의 정부를 수립하는 것은 조선 인민의 국가를 부활시키는 데 가장 근본적인 조건으로서, 38도선의 제거와 나라의 경제적 통합도 가져오게 될 것이다.

따라서 소미공동위원회는 자기에게 부여된 이 주요 문제에서 벗어나서는 안 된다.

만약 위원회가 자기에게 부여되지 않은 다른 문제들까지 동시에 처리하게 된다면 조선의 민주주의임시정부 수립과 기타 중요하고 시급한 문제들의 해결이 지연되는 상황을 야기할 것이다.

수신을 확인해 주십시오.

몰로토프

제5449호
1946년 3월 24일

몰로토프가 쉬띄코프와 차랍킨 동지들에게 보내는 지시

KWRB-0054, ЦАМО

쉬띄코프 동지와 차랍킨 동지에게

258/Sh호에 대한 회신

귀하의 제안에 동의합니다. 제안을 제시할 때 당신은 이것이 귀측의 양보이며, 또한 비민주주의 분자들이 원칙적으로 제외되는 임시 민주주의 정부의 조속한 조직을 위한 것임을 미국 측에 반드시 각인시켜야 합니다.

몰로토프

1946년 4월 3일

로조프스키가 쉬띄코프 동지와 차랍킨 동지에게 보내는 지시

KWRB-0056, ЦАМО

쉬띄코프 동지와 차랍킨 동지에게

제364호에 대한 회신

귀하가 제안한 모든 수정안을 미국 측이 수용했기 때문에, 소련군 사령부는 공동성명서에 "Opeka(후견)"라는 단어를 유지하는 것을 고집하지 않는다고 발언해도 좋습니다.

단, 이것은 소미공동위원회 사업을 촉진시키기 위한 양보라는 식으로 말하십시오.

우파가 선동적인 발언을 할 경우 우리는 언론을 통해 소미공동위원회에게는 모스크바회의의 결정을 부정할 권리가 없으므로, 외무장관들이 수락한 그 결정이 여전히 효력을 지니고 있다는 점을 밝혀야 합니다.

로조프스키 Розовский

제7192호

1946년 4월 16일

41

불가닌이 메레츠코프 동지와 쉬띄코프 동지에게 보내는 서신

KWRB-0057, ЦАМО

메레츠코프 동지에게

쉬띄코프 동지에게

쉬띄코프 동지의 요청에 따라, 서울로 파견하기 위해 20명의 전문가를 선발하였습니다.

그 중, 산업 전문가—2명

농업 전문가—2명

철도 교통 전문가—2명

통신 전문가—1명

종교 전문가—1명

헌법과 국가 행정 전문가—1명

은행 및 재정 전문가—2명

검찰과 법원 전문가—2명

공공보안 전문가—3명

인민 교육 전문가—2명

예술 전문가—2명

　우리는 이러한 규모의 전문가를 파견할 필요성에 대해 의문이 생겼
습니다.

　왜 그들이 서울로 가야 합니까?

　이 문제를 다시 한번 생각해 보고 귀하의 최종 결정을 알려 주십시오.

불가닌Булганин

1946년 5월 6일

42

발라사노프가 메레츠코프 동지와 쉬띄코프 동지에게 보내는 김일성과 번스 회담 기록

KWRB-0059, ЦАМО

메레츠코프 동지에게

쉬띄코프 동지에게

번역

1946년 10월 6일에 북조선임시인민위원장실에서 진행된 번스와 김일성의 회담 기록을 보냅니다.

1946년 10월 6일 자 김일성과 번스의 회담.

참석자: 김일성, 문일, 번스, 프로스토프Простов, 발라사노프Баласанов, 샤브쉰Шавшин

번스　나는 당신이 인민위원회 선거를 치를 것이라고 들었다. 우리도 남쪽에서 선거를 할 생각인데, 당신은 선거를 어떤 방법으로 치르는 것이 가장 좋다고 생각하는가?

김일성　우리는 비밀선거의 원칙 아래 전 인민의 참정권을 바탕으로 선거를 치를 예정이다. 성별, 교육과 재산 수준, 거주지 유무와 무관하게 모든 북조선 인민은 선거권과 피선거권을 갖고 있다. 선거는 민주주의민족전선에 가입된 모든 민주주의 정당과 사회단체 집단이 참가하는 가운데 치러질 것이다. 비밀선거 때 자기 의사를 완전히 표시할 수 있기 때문에 이러한 인민위원회의 행사는 노동자, 농민, 지식인, 그리고 수공업자, 상인, 기업가фабрикант(공장주) 등 북조선 인민 모든 계층의 지지를 얻고 있다. 친일분자는 선거권과 피선거권을 향유하지 못한다.

번스　참정권은 몇 살부터 부여하는가?

김일성　참정권은 20세부터 부여한다.

번스　동양 나이로 20세부터인가?

김일성　동양 나이로 20세부터이다. 인민위원회의 선거는 북조선의 민주주의 개혁에 있어서 제일 중요한 행사이다. 남쪽에서도 이러한 선거가 진행되었으면 좋겠다.

번스　나는 노동법에 대해 물어보고 싶다. 나는 이 법률이 좋다고 생각한다. 남쪽에서도 노동법을 만드는 대규모의 작업을 진행하고 있는데, 우리가 만드는 법안은 개괄적인 부분만 다루는 것을 넘어 이보다 훨씬 상세할 것이다. 우리는 아동노동에 관한 법을 이미 통과시켰다. 나는 이 법률이 아주 좋다고 생각한다.

김일성　　남한에서 노동자들과 사무원들의 제일 근본적인 이익에 부합하는 노동법이 채택되면 우리가 아주 기뻐할 것이다. 북조선 노동법은 북조선의 온 인민이 만장일치로 지지한 법안이기에 좋은 법이라고 생각한다. 남한에서도 모든 인민들이 지지하는 법률이 채택되었으면 좋겠다.

라디오 방송과 신문에 의하면 당신들이 더욱 좋고 상세한 노동법을 준비하고 있는 이 시기에 서울 주변에서 파업이 발생하고 있다. 어떻게 된 일인지 모르겠다. 당신들이 좋은 법안을 준비하는 중인데, 인민들은 파업을 벌이고 있다. 이 부분을 설명해주기 바란다.

번스　　현재 남쪽에서 우리는 파업을 없애기 위해서 피고용자와 고용자 간의 중재에 관계된 법을 법제화하였다. 그러나 노동자들과 기업가들은 이 법률이 제공하는 모든 가능성들을 활용하지 못하고 있다. 이 법률은 일시적인 것이다. 아동노동에 관한 법안이 이미 통과되었고 현재 전체적인 노동법이 준비되고 있다. 가장 어려운 점은 우리가 모든 정당을 북조선처럼 단일한 전선으로 통합하지 못했다는 것이다. 남한에는 많은 정당과 많은 일본 첩자, 양반 등이 있다. 그들 모두가 좌파에 대해 투쟁하고 있고 게다가 좌파는 통합을 원하지 않는다.

김일성　　좌파는 통합을 원한다. 그러나 민주주의 세력은 인민을 위한 정책들을 무너뜨리고자 하는 친일분자나 반동분자들과 통합할 수 없다. 친일 반동분자들은 자신의 과거를 숨기기 위해 민주주의의 탈을 쓰고 반인민적 행동을 감행한다. 또한 군사행정부에 고문으로서 잠입해 애국자들이 친일분자들뿐 아니라 미군정에 대해서까지 분노를 품게 하였다. 성공적 정당 통합을 위해서는 무엇보다도 민주주의 세력에 테러를 가하는 친일분자를 내쫓아야 한다. 테러분자들은 목사 강량욱의 아들과 딸을 죽였는데, 그들은 김구의 서명이 있는 문서들을 가지고 있었다. 좌우통합에 대한 회담 후 테러분자들은 여운형을 공격해 나무에 달아 죽이려고 했는데, 그는 간신히 목숨을 건졌다.

번스　좌파들은 남한에서 옳지 못한 추진하고 있으며, 특히 박헌영은 통합을 방해하고 있다.

김일성　이승만과 김구 같은 반민주주의 분자들과는 어떻게 통합할 수 있는가? 그들은 수십 년간 조선 인민과 떨어져 있었고 조선을 과거로 후퇴시키려고 한다. 통합은 오직 애국주의자들 간에서만 이루어질 수 있으며, 김구와 이승만 등 분자들과는 절대로 통합이 불가능하다.

번스　김구와 이승만은 실제로 나쁜 사람들이군. 당신은 김규식에 대해 어떻게 생각하는가? 그는 내가 보기에 사람도 좋고 인민들 사이에서 영향력이 있으며 친일분자에 대항하여 투쟁하고 있다.

김일성　난 그를 전혀 모른다. 통합처럼 좋은 일을 위해 나서는 박헌영 같은 애국자들은 왜 체포되었는가? 그는 누구보다도 많이 국내에서 일본 제국주의자들에 대해 투쟁하였고, 애국자들 사이에서 가장 두드러지는 정치가이다. 북조선 인민은 이 사건에 대하여 설명을 기다리고 있고 이 때문에 많이 동요하고 있다.

번스　그는 매체를 통해서 잘못된 발언들을 했고 미국인들에 대해 온갖 거짓말을 썼다.

김일성　우리는 그에게 남한 민주정당의 당수로서, 옳지 못한 행동을 지적할 권리가 있다고 생각한다.

번스　박은 식량 공출에 협조치 말라고 농민들을 선동했다.

김일성　난 그 점을 믿지 않는다. 그는 농민들과 노동자들, 그리고 학생들이 사살당하는 것에 대해서 침묵할 수 없었을 것이라 생각한다. 나는 여기서 광주 등 사건에 대해서 이야기하는 것이다. 나는 남한에서 옳은 정책이 실시되었다면 진정한 애국주의자인 박헌영은 이를 반대하지 않았을 것이라고 생각한다.

번스　물론 친일분자가 제거되어야 함은 필요한 일이다.

김일성　맞다. 그렇게만 되면 통일은 이루어질 것이다. 예전에 북조선에서 일본인들에게 부역했던 사람들이 지금 남한 군사행정부에서 일하거나 테러분자로서 활동하고 있다. 인민은 다음과 같은 질문을 할 수

밖에 없다. 왜 미국인들은 그들을 처벌하지 않고 받아들이고 있는가? 그들이 나라의 독립을 원하는 조선인들을 계속해서 죽이고 있는데.

번스 만약 김규식과 여운형이 통일을 주도한다면 좋겠는가? 박헌영과 여운형의 통합은 미국의 정책에 어긋나는 것이기에 다른 통합은 불가능하다.

김일성 여운형이 그를 교살하려는 사람들과의 통합에 동의할 수 있겠는가? 친일분자들을 추방해서 미소공동위원회의 활동을 재개시켜야 한다.

번스 우리 미소공동위원회 대표단들 사이에는 공통의견이 많다. 나는 모스크바 외무장관회의에 대해 반대했던 사람들을 용서할 수 있다고 생각한다.

김일성 성명서 제5호에는 이 점에 대해 언급되어 있다. 비록 뒤늦게라도 모스크바회의의 결정을 인정한다면 위원회와의 상의에 참여할 수 있지만 그들은 그렇게 하지 않았다. 그 성명서에는 과거의 죄에 대해 용서받는다는 말이 있다. 우리는 후견Опека이라는 단어를 소련과 미국 등 해방자의 도움으로 이해한다. 이것은 신생 독립 국가를 광복시키기 위해 필요한 것이다.

번스 그들은 그것을 일본 정책의 연장선으로 이해하고 있다.

김일성　반동분자들은 후견이 무엇을 의미하는지 잘 알고 있다. 그러나 그들은 독립국가가 세워지는 것을 원하지 않아서 이를 반대하는 것이다.

번스　우리는 소련 대표단을 지지하고 조선의 독립을 위해 노력하고 있는데 조선인들은 그것을 방해하고 있다.

김일성　그 반대다. 애국자들은 그 누구도 이를 방해하지 않는다.

번스　따뜻하게 대접해 줘서 고맙다. 앞으로도 당신과 많은 만남이 있기를 바란다. 가능하면 인민위원회에서 발표된 법률 전문을 우리에게 전해 달라고 부탁하고 싶다.

김일성　당연히 그럴 수 있다. 난 당신에게 경제와 관련하여 작은 문제를 제기하고 싶다.

번스　얘기해 보라.

김일성　남한에서 사용되는 전기에너지의 가격 지불 문제가 여러 차례 제기되었다. 우리는 해방 이후 인민들에게 그 무엇도 받지 않았는데, 듣기로는 거기서 인민들로부터 돈을 받는다고 한다.

번스　이 문제에 관해서 하지가 치스챠코프에게 보낸 편지가 있다. 그는 전기와 북조선이 필요한 재화의 교환을 제안했다. 그러나 아직까지 아무런 답변이 없다. 이러한 사안들은 공동위원회가 우선 경제적인 문제부터 풀었다면 해결이 가능했을 것이다. 그러나 소련 대표단은 이에 반대하고 우선적인 정부 수립만을 주장하였다.

김일성　정부 수립이 최우선과제이다. 그러나 남한으로부터 징수하는 수입에서 전기산업 노동자들의 급여를 지급해야 한다 .

번스　그렇다. 그런데 하지의 편지에 대한 소련군 사령부의 답변이 아직 없고 소련군 사령부는 남한이 필요로 하는 상품도 주지 않았다.

김일성　미소 사령부 간의 문제들이 어떻게 해결하는지는 당신들의 문제이다. 그러나 북조선의 산업은 인민위원회의 소유이고 나는 남한이 전기 공급을 상실할까 걱정이다.

번스　미국인들은 경제적인 문제들을 해결하려고 하는데, 소련 대표단은 그 제안을 받아들이지 않았다. 이 문제에 대한 미국 측 주장은 옳다.

김일성　일본 기업에 대한 번스 씨의 의견은 어떠한가?

번스　우리는 일본 대기업들을 개인에게 넘겨줄 수는 없다. 이 기업들은 남한에서 군정에 의해 통제되고 있으며 우리는 조선 인민이 이를 국영화하기를 원하는지, 아니면 민영화하고 싶어 하는지 아직 모른다. 당신이 대기업들을 개인들에게 매각했다면 이는 큰 실수이다.

김일성　국영화하는 것을 기업을 개인에게 매각하는 것으로 이해하는 나라는 없다. 국영화는 그 기업들을 인민 소유로 귀속시키는 일이다. 인민위원회가 모든 권력을 가지고 있는 북조선에서는 모든 기업들이 국영화되어 인민의 소유이며 인민위원회가 그것들을 관리하고 있다.

번스　내가 보기에 이 문제에 관해서는 남북의 차이가 없다. 단지 우리는 문제를 느리게 해결하고 여기는 빨리 해결했다. 가장 중요한 것은 공동위원회 업무를 재개하는 것인데 나는 이 문제에 있어 김일성 각하가 많은 도움을 주기 바란다

발라사노프

43

도, 시, 군 인민위원회 선거에 관한 보고서

KWRB-0060, ЦАМО

인민위원회 선거

도, 시, 군 인민위원회

1946년 11월 3일

본 선거에는 4,516,120명, 즉 유권자의 99.6%가 참여하였다. 민주주의민족전선 후보를 위한 투표 상황은 다음과 같다.

도 인민위원회 : 97%

시 인민위원회 : 95.4%

군 인민위원회 : 96.9%

3,459명의 위원이 선출되었으며 그중

도 인민위원회 : 452명

시 인민위원회 : 287명

군 인민위원회 : 2,720명

사회 구조

	명수	%
노동자	510	14.5
농민	1,256	36.4
사무원	1,056	30.6
상인	145	4.3
기업가	73	2.1
인텔리	311	9.0
종교인	94	2.7
과거 지주	14	0.4
여성	453	13.1

당별 구조

	명수	%
노동당 당원	1,102	31.8
민주당 당원	351	10.0
천도교 천우당 당원	253	8.1
무소속	1,753	50.1

선거 기간에는 11,595개 선전실이 개설되었고 124,743명의 선전가
가 활동하였다. 선거 준비에 456,000명이 참여하였다.

44

로마넨코가 연해주군관구 군사위원회에 보내는 소련으로 파견할 조선인 교사 명단

KWRB-0062, ЦАМО

연해주군관구 군사회의 앞

이와 함께 사범대학 유학을 위해 소련에 파견되는 조선인 교사 명단을 첨부한다.

유학생의 선발은 북조선임시인민위원회와 교육부에서 실시하였다. 소련으로 파견할 인원은 30인이며, 그 구성은 다음과 같다.

1. 남성−5명, 여성−5명
2. 연령 : 21세 이상 26세 미만−6명
   26세 이상 30세 미만−15명
   30세 이상−9명
3. 당 소속 : 노동당 당원−27명
   민주청년연맹 회원−1명
   무소속−2명
4. 출신성분 : 빈농−10명

중농-7명

부농-2명

사무원-4명

수공업자-3명

소지주-1명

지주-3명

5. 사회적 위치 : 30명 전원-사무원

6. 교육 수준 : 고등교육-14명

고등교육 미완-8명

중등교육-8명

7. 전문 : 30명 전원-교사

8. 과목별 : 민속학-11명

국어-5명

수학-4명

화학-3명

역사-3명

자연과학-1명

지리학-1명

교육학-2명

제25군 북조선민정담당 부사령관 로마넨코Романенко 소장

1947년 1월 18일

45

김일성 인사 카드

KWRB-0063, ЦАМО

인사 카드

---

1. 성명 : 김일성
2. 직책 : 북조선임시인민위원회 위원장, 북조선노동당 중앙위원회 부위원장
3. 생년 : 1912
4. 민족 : 조선인
5. 사회적 출신성분 : 교사 가족 출신
6. 자산 상황 : 없음
7. 1945년 8월 15일 이전에 하던 일 : 하바롭스크 시 88특수여단에서 근무
8. 당소속 및 경력 : 노동당 당원
9. 과거 소속 당 : 1931년부터 중국공산당 당원
10. 교육 : 1929년 길림 시에서 중등교육 이수
11. 해외 거주 : 1924~1942년간 만주 거주, 1942~1945년 소련 거주
12. 투옥 경력 : 없음

개략

조선 인민의 영웅, 조선의 중요 정치가, 혁명가. 평안남도 남리의 교사 가족 출생. 부친은 혁명 활동으로 투옥되었으며 수감 중 사망하였다. 부친 사망 후 김일성은 13세에 중국 길림시로 떠나서 중학교를 졸업한 뒤 빨치산부대에 들어갔다. 1931년 중국공산당중앙위원회의 결정에 따라 그는 빨치산부대인 '반일인민유격대'를 조직하여 왕청현에서 활동을 시작했다. 1933년에서 1934년간 김일성은 당시 연대로 명명된 이 부대의 정치위원을 지냈다. 1936년에 그는 빨치산 지대장이 되었다. 1937~1942년에는 빨치산 제1방면대장이 되었다.

일본인들은 김일성을 큰 위협으로 보았다. 일본인들은 그의 머리에 50만 엔을 걸었다. 일본인들은 만주의 안동 현 혹은 춘두이Шунду현 장관 직책 등으로 그를 매수하려고 했다. 조선의 일본 신문들은 큰 글씨로 "유명한 비적 우두머리 김일성이 죽었다. 조선은 이제 평화롭게 살 수 있다"고 보도하였다. 일본인들은 어쩔 줄 몰라서 수단을 도발에서 비방으로 바꾸어댔으며, 암살자를 고용하기도 하고 토벌대를 편성하기도 하였다. 신문들은 또다시 "일본군과 빨치산의 '영웅적인 5시간여의 전투'에서 김일성이 포로가 되어 사망했다. 만주와 조선의 도시와 마을들에서 '김일성의 잘린 머리'가 전시되었다"고 보도하였다.

이렇게 일본인들은 김일성에 대한 반대선전을 통해서 빨치산에 대한 인민의 지원을 차단하려고 했지만, 오히려 조선 인민들에게 그를 널리 알리게 되었다.

1942년에 김일성은 소련으로 넘어와서 하바롭스크의 제88독립여단을 지휘하였다. 1945년 혁명 활동 및 항일투쟁에서의 공적으로 적기 훈장을 수여 받았다.

1945년 10월 김일성은 북조선에 도착하였고 북조선공산당 중앙위원회 조직국 제1서기로 선출되었다. 1946년 2월 북조선회의에서 북조선임시인민위원회 위원장에 선출되었으며, 1946년 8월 말에는 신민당과의 통합으로 새롭게 조직된 북조선노동당 중앙위원회 부위원장이 되었다.

지난 1년 반 동안 북조선의 최고지도자 역할들을 수행하면서 김일성은 국가 차원의 정치적 거물, 좋은 대중 조직가로 훌륭하게 성장해가고 있으며, 다양한 부문에서의 정치경제적 지도력까지 성공적으로 습득하고 있다.

그는 자부심이 강하고 용감하며 결단력이 있다. 동료들과 교제를 즐기며 그들을 자기편으로 만들고 문제를 해결하도록 격려할 수 있다. 적에 대한 태도는 무자비하다.

빨치산 지휘관으로서의 활동과 북조선에서 그의 이름 하에 이루어진 민주주의적 개혁 등 김일성의 과거 행적은 그에게 모든 민주주의적 성향의 남북조선 인민들 사이에서 엄청난 인기와 권위를 가져다주었다. 북조선 인민은 그를 자신들의 지도자이자 수령으로 생각하고 완전히 신뢰하고 있다.

인민들 사이에서의 이러한 인기, 주변 인물들의 찬양과 아첨 등은 그가 스스로의 위치와 지식에 대하여 과도한 자신감을 갖고 자만하게 하고 있다.

김일성의 이론적 이해는 좋으나 국가 행정을 맡기에는 아직 부족한 수준이다. 그는 스스로의 사상적 수준을 높이기 위한 치밀한 노력이 없다.

그는 소련에 대해 존경심을 가지고 있으며, 친소적 방향성으로 행동하고 있다.

1947년 1월 __일
3부 발송
정치부 행정국 작성
1947년 1월 25일 BN.

46

홍기주 인사 카드

KWRB-0066, ЦАМО

인사 카드

---

1. 성명 : 홍기주

2. 직무 : 평안남도인민위원회 위원장, 북조선임시인민위원회 위원

3. 생년 : 1898년

4. 민족 : 조선인

5. 사회적 출신성분 : 부농

6. 자산 상황 : 없음

7. 1945년 8월 15일 이전에 하던 일 : 기독교회 목사

8. 당소속 및 경력 : 민주당 당원

9. 과거 소속 당 : 없음

10. 교육 : 사범대학, 1914년

11. 해외 거주 : 1928년에 일본에서 3개월 거주.

12. 투옥 경력 : 조선 독립운동 참여로 1919년부터 1921년까지 일본 경찰에 체포되어 수감.

개략

1945년 8월 15일 전까지 개신교 교회의 목사를 지냈고 어떤 당에 소속되었던 경력은 없다. 1945년 10월부터 현재까지 민주당 당원이다.

일본 제국주의자들로부터 조선이 해방된 초기부터 진보적인 사회활동가로 나섰고 민주개혁을 지지한다.

홍기주는 신탁에 대한 모스크바 결정에 찬성하는 투쟁을 처음 주도한 인물 중 하나였다. 조만식을 수반으로 하는 민주당의 반동파를 폭로하는 데 적극적인 역할을 하였다.

조만식을 위원장으로 하는 도인민위원회 위원들이 사직한 후 그는 평안남도인민위원회 위원장으로 선출되었다. 도, 군 인민위원회 기관들로부터 반동분자들을 몰아내고 민주개혁 실현을 위한 사업을 근본적으로 개선하는 데 큰 공을 세웠다. 그 결과 토지개혁법, 노동법, 농업 현물세법, 여성평등법 등이 성공적으로 도입되었다. 동시에 민주당 도위원회의 활동에 적극 참여했고, 특히 그 조직의 강화와 반동분자 숙청에 큰 업적을 세웠다.

홍기주는 조직에 대한 경험이 많고 도의 지도 간부와 인민 사이에 큰 영향력과 권위를 가지고 있다. 건강 문제와 과로에도 불구하고 도인민위원회 위원장으로서 사회단체들의 활동에 적극적으로 참여하고 있다.

1946년 방소 대표단의 일원이었다.

1947년 1월

3부 발송

행정 정치국 작성

1947년 1월 25일

47

김일성이 연해주군관구 군사위원회에 보내는 서한

KWRB-0075, ЦАМО

쉬띄코프 상장 동지에게

사본 : 로마넨코 소장 동지에게

민족부대에 노획 일본군복 2만 5천 벌을 지급해줄 것을 요청합니다. 추위가 다가오고 있고 동원인력이 착용할 적합한 의복이 없는 관계로, 정식 군복이 보급되기 전까지의 기조직 부대들에 대한 물자보급이 긴급히 요구됩니다. 제식 피복을 수령하면 노획 피복은 작업복으로 사용할 것입니다.

북조선인민위원회 위원장-김일성

확인

48

북조선인민위원회 소집 결정에 대한 보고서

KWRB-0076, ЦАМО

북조선인민위원회 총회 소집 결정에 대한 보고서

기밀

1947년 2월 4일

1947년 2월 2일 개최된 민주주의민족전선 중앙위원회 회의에서 김일성의 제안이 발표되어 다음 결의가 만장일치로 채택되었다.

"북조선민주주의민족전선 위원회는, 인민위원회 권력의 공고화 및 각급 권력기관에서의 선거 완수 방안에 대한 김일성의 제안을 듣고 토론한 결과, 북조선 정당들과 사회단체들의 대표가 참여하는 도, 시, 군 인민위원회 총회 개최에 대한 제안 입안이 필수적임을 결의한다."

이러한 민주주의민족전선 중앙위원회의 제안은 북조선임시인민위원회로 제출되었다. 2월 4일 17시 30분, 노동당, 민주당, 청우당과 민주청년동맹의 대표들과 모든 부서의 국장들이 참석한 가운데 임시인민위원회 회의가 진행되었다. 참석자는 총 30명이었다.

임시인민위원회 위원장 김일성은 민주주의민족전선의 제안에 대한 짧은 보고를 마치고 지난해 북조선에서 인민위원회가 시행한 민주개혁의 거대한 사업에 대해 언급하였다. 김일성은 계속해서 다음과 같이 말하였다. "우리 앞에는 모든 성취한 성과를 공고히 하고 인민위원회들, 그중에서도 특히 북조선임시인민위원회의 권력을 견고하게 하며, 그 권위를 더욱 높여야 하는 과제가 놓여 있다. 민주주의민족전선 위원회가 우리에게 다음과 같은 제안을 하였다." 김일성이 북조선인민위원회 대회 소집 필요성에 대한 민주주의민족전선 위원회의 제안을 낭독하였다.

김일성은 다음과 같은 2개의 질문을 받았다.

1. 장시우 상업국장, "소비자협동조합도 자기 대표들을 대회에 보낼 수 있는가?"

2. 리봉수 재정국장, "대회 비용은 어떻게 지불할 것인가?"

토론자는 없었다.

임시인민위원회는 다음과 같은 결정을 만장일치로 채택하였다.

"북조선인민위원회 총회 소집에 대한 민주주의민족전선 위원회의 제안을 들은 결과, 북조선임시인민위원회는 다음과 같이 결정한다.

① 북조선 모든 각급 권력기관 선거를 실시하고 인민위원회의 권력과 민주개혁을 공고히 하기 위하여 북조선인민위원회들의 총회를 소집할 것을 의결한다. 대회는 올해 2월 17일 평양시에서 개최될 것이다.

② 대회에 참석할 인민위원회 대표들은 비밀선거를 통해서 각도, 시, 군 위원회 총회에서 선출되며, 위원 3인당 1명의 대표를 보내는 것으로 한다.

이 외에 정당, 사회단체, 즉 노동조합, 농민동맹, 여성동맹,

민주청년동맹 등이 각기 5명의 결정투표권을 가진 대표를 파견할 권리를 가진다.

③ 인민위원회 대회 대표단 선거에 관한 지침을 확정한다.

지침 낭독 시 리순근 농림국장이 다음과 같은 질문을 하였다.

"지침에 따르면 인민위원 3명당 1명을 대회 대표단으로 파견할 수 있다고 한다. 그럼 만약 어느 위원회가 26명의 위원이 있다면 24명의 위원을 대표해 8명을 파견할 수 있다. 나머지 2명분으로 대표 1명을 더 선출할 수 있는가?"

김일성은 가능하다고 대답하였다.

임시인민위원회는 인민위원회 총회 준비위원회를 조직할 것을 결정하였다.

제25군 북조선 민정담당 부사령관
로마넨코 소장

49

마을(리) 인민위원회 선거에 대한 보고서

KWRB-0077, ЦАМО

1947년 2월 25일 리 인민위원회 선거

등록된 유권자 수   3,859,319명

선거 참여자 수   3.853.681명

                                    즉 99.85%

당선된 후보에 투표한 인원   86.63%

선출된 리 인민위원회의 총수는   9,642개

리 인민위원회에 선출된 위원의 총수는 53,314명이며 그중 여성은 7,049명 혹은 13.2%임.

사회 계층별

노동자	2,508명	4.7%
농민	46,245명	86.74%
사무원	3,681명	6.9%
상인	493명	0.93%

지식인	174명	0.32%
기업가	129명	0.24%
과거 지주	17명	0.04%
종교인	67명	0.13%

소속 정당별

노동당	32,011명	60.05%
민주당	3,962명	7.43%
천도교	32,577명	4.83%
무소속	14,764명	27.69%

50

치스챠코프가 하지에게 보내는 서한

KWRB-0078, АВПРФ

기밀

초안

1947년 2월 27일 접수

2월 26일 작성

친애하는 하지 장군

1946년 12월 24일 자 귀하의 편지를 수신하였음을 확인합니다. 우리의 교신을 통해 양측의 입장이 많이 가까워졌다고 만족스럽게 말씀드립니다.

1. 귀하는 공동위원회 업무재개를 위하여 나의 1946년 11월 26일자 서신의 제안을 받아들일 준비가 되어있다고 하였습니다. 그 제안의 첫 번째 항목에 대한 귀하의 해석에 대해서는 동의하는 바이나, 다만 공동성명서 제5호에 서명할 정당과 사회단체들의 모스크바 결정 완전 지지에 대한 선의의 표시로만 이 일이 끝나서는 안 된다는 것을 염두에 두어야합니다. 본 선언서에 서명함으로써 모스크바 결정을 완전히 지지할 의무

를 가지게 된 정당과 단체들은 향후 그 의무에 따라 행동해야 합니다.

2. 나의 제안 제2항과 관련하여, 소련 대표단은 장래 공동위원회와의 협의에 참여할 정당과 단체들에게 그들이 과거 모스크바 결정 반대행위에 적극 참여한 의혹이 제기되는 인물들을 대표로 선출해서는 안 된다는 것을 미리 통고하는 것이 옳다고 생각함을 전달합니다. 이러한 부분과 귀하의 제언을 고려하여, 두 번째 항을 다음과 같이 할 것을 제안하는 바입니다.

공동성명서 제5호에 서명한 정당 또는 단체는, 공동위원회에 모스크바 결정 실행에 대한 그 견해를 가장 잘 대표할 수 있다고 여겨지는, 그리고 모스크바 결정 반대행위 의혹이 없는 인물을 대표로서 임명할 수 있다. 하지만, 임명된 대표자가 차후 중대한 사유로 모스크바 결정의 실행에 대한 혹은 연합국 중 하나에 대한 반대자로 간주될 경우, 공동위원회는 상호합의를 거쳐 그러한 선언을 한 정당에 다른 대표를 지명할 것을 요구할 수 있다.

3. 제3항에 대한 귀하의 정의에 동의합니다. 그러나 '개인'이라는 표현에는 제2항에 따라 협의에 참여할 수 있는 정당과 사회단체들의 대표의 의미가 함의됩니다. 따라서 저는 '개인'이란 단어를 '그리고 그들의 대표들'이라는 말로 바꾸는 것이 바람직하다고 생각합니다. 그러면 제3항 첫 번째 문장의 도입부는 다음과 같이 될 것입니다

"정당과 사회단체들, 그리고 협의 참여를 위해 초대된 그들의 대표들이"…… 이하 동일.

당항의 나머지 부분에 대해서는 귀하의 안에 더 수정할 부분이 없다

고 생각됩니다.

4. 귀하에 따르면 나의 서신 중 9, 10번째 문단과 그 서신에서의 제안들 사이에 모순이 있다고 하는데, 나는 그러한 부분을 발견하지 못했습니다.

협의 조건에 대한 우리의 합의가 공동위원회 활동의 신속하고 성공적인 재개를 보장할 수 있기를 희망합니다.

존경을 표하며

치스챠코프 대장

51

군 인민위원회 선거

KWRB-0082, ЦАМО

1947년 3월 5일 군 인민위원회 선거

등록된 유권자 수   3,766,995명

선거 참여자 수   3,766,525명

즉 99.98%

출마한 후보에 투표한 명수   96.2%

선출된 군 인민위원회의 총수는 799개임.

군 인민위원회에 선출된 위원 총수는 13,444명이며 그 중 여성은 1,986명 혹은 14.7%임.

사회 계층별

노동자	1,121명	8.3%
농민	7,795명	68.0%
사무원	3,901명	29.1%
상인	228명	1.1%

지식인	310명	2.3%
기업가	48명	0.3%
과거 지주	1명	0.0%
종교인	40명	0.3%

소속 정당별

노동당	7,501명	55.3%
민주당	1,122명	8.3%
천도교	3,900명	29.1%
무소속	3,921명	29.1%

52

굴랴예프가 A. S. 파뉴쉬킨 동지에게 보내는 서한

KWRB-0084, РГАСПИ

A. S. 파뉴쉬킨 동지에게

극비, 전연방공산당 중앙위원회, 211호

1947년 3월 21일 수신

공개 금지

1946년 10월 연해주군관구 군사회의 위원인 쉬띄코프 동지와 북조선임시인민위원회의 요청으로 다양한 분야의 고려인 전문가 36인을 선발하여 북조선으로 파견하였다.

이 문제에 대하여 전연방공산당(볼셰비키) 중앙위원회는 파견자들의 가족들이 국제혁명전사구호기구 중앙위원회로부터 6개월 동안 평균 1,000루블 미만의 월급으로 재정적 지원을 받을 수 있도록 결정한 바 있다.

따라서 1947년 5월부터 모든 가족은 재정 지원을 받지 못하게 될 것이며 극히 어려운 물질적 상황에 놓이게 될 것이다.

상기한 사실과 가족을 파견지로 보내 달라는 모든 파견자들의 요청

을 고려할 경우, 이 문제를 긍정적인 방향으로 해결하고 인원 파송 조직
업무 및 비용을 국제혁명전사구호기구 중앙위원회에서 담당하도록 하
는 것이 합리적이라고 생각한다.

P. 굴랴예프「уляев

1947년 3월 12일
문서보관소로

북조선으로 가겠다고 희망하는 자는 성인 42명(그리고 16세 미만 아동
71명)이다.

그중 29명이 출국 허가를 받았고 9명은 아직 보안대의 조사를 받고
있다. 3명은 명예훼손 자료가 있어 출국문제가 일시적으로 보류되었다.
다른 한 가족은 북조선에서 요청이 없어 이동이 지연되고 있다.

1947년 3월 22일 갈리닌「алинин

53

소비에트연방 내각회의 부의장 몰로토프에게

KWRB-0086, АВПРФ

몰로토프 동지에게

연해주군관구 군사위원회는 1947년 4월 1일부터 15일까지 북조선 중앙은행을 통해서 1:1의 환율로 소비에트 군사령부의 군표를 새로운 화폐로(원화) 교환할 것을 제안하였다. 각 개인은 200원을 초과하지 않는 범위에서 현금을 지급받으며 나머지 금액은 일시적으로 동결된 계좌로 입금될 것이다. 차후 동결된 계좌에서의 지급 및 예금에 대한 지불과 관련하여서는 월 400원을 넘지 않는 양으로 실시할 것이 제안되었다.

북조선 상황의 변화와 관련하여, 그리고 현재 어떠한 급진적인 화폐 개혁을 실시하는 것은 시기적절하지 못하다는 판단 하에, 북조선 영토에서 유통되는 모든 화폐의 교환은 가능하다고 생각된다. 이를 통해 소비에트 군사령부의 군표는 유통이 중지되고, 유통되는 화폐의 양도 일시적으로 축소시킬 것이다. 또한 이러한 교환은 미군정이 발행한 구권 화폐가 남한에서 북조선으로 유입되는 것을 차단할 것이다.

다음에 기반하여 교환하는 것이 합리적이라고 생각된다.

유통되는 화폐의 교환은 새로운 화폐와 1:1 환율로 진행되어야 한다.

현재 유통 중인 지폐의 대부분은 군사령부 군표이고, 군표 발행 시 설정된 조선 엔화와의 환율을 유지하기 위해서는 군표 가치의 하락은 바람직하지 않기 때문이다.

교환을 위해서 제시된 화폐 그리고 예금된 금액 중 다음이 교환 범위에 해당한다. 노동자와 사무원 : 월 급여 / 농민 : 가호 당 1,000~1,500원 / 그 외 시민 : 가장家長 당 1,000원 / 사업 및 무역 기관들 : 그 정상적인 활동을 보장하는 금액. 서술된 양 이상의 금액은 신용기관에 보관될 것이며, 교환 진행 이후 두 번째 달부터 원소유자에게 8개월에 걸쳐 일정 금액씩 나누어 지불된다.

소련 국립은행 야전 기관들의 보유 잔금 및 북조선 주재 소비에트 군부대의 간부 요원이 소지한 금액은 그 제시되는 전체 양이 교환되어야 한다.

교환은 1947년 6월 1일부터 5일까지 진행되어야 한다.

필수 금액을 통한 소비에트 군 사령부의 보급 절차와 조건, 그리고 북조선 주둔 소비에트 군대의 급양과 관련된 비용 지불 자원은 인민위원회와의 특별협정을 통해 결정되어야 한다.

교환 진행의 조직은 소련 국립은행과 소비에트 군대 사령부에 위임해야 한다.

첨부 : 소련연방 각료회의 법안 초안

즈베레프Зверев   쉬띠코프

54

로마넨코가 쉬띄코프에게 보내는 보고서

KWRB-0058, AB∏P∮

쉬띄코프 상장에게

연해주군관구 군사위원

1946년 9월 25일 여운형이 서울에서 바로 북조선인민위원회 의장 김일성의 사무실로 도착했음을 보고하는 바이다. 그는 신민당 중앙위원회 위원 고창보와 인민당 중앙위원회 위원 이씨, 그리고 성명 미상인 정치인 한 명과 함께 왔다. 여운형은 김일성에게 남쪽의 현 상황과 관련해서 좌익이 어떤 전술적인 방침을 따라야 하는지 조언을 받으러 왔다고 말했다. 김일성은 여운형과의 담화 일자를 9월 26일로 정했다.

9월 25일 예비 담화에서 여운형은 다음과 같이 말했다. "나는 박헌영과 지속적으로 긴밀히 연락하지만 나에 대한 그의 불신을 느낀다. 나는 항상 북을 보고 따르지만 북측은 나를 불신하는 것 같다. 나는 어떻게 행동해야 하는가? 나는 좌익 진영에서 이탈하고 싶지 않지만 북측과 박헌영의 불신을 느끼며, 미국인들도 나를 공격하고 있다. 나는 이곳에 3일간 머무를 것이고 귀하, 김두봉, 그리고 북조선의 다른 지도자들과 만나기를 희망한다. 쉬띄코프 상장이나 소련군 사령부 대표, 그리고 나의

151

오랜 친구 샤브쉰과 만나는 것도 좋겠다. 나는 내 질문에 대하여 명확한 답을 받을 때까지 남쪽으로 가지 않을 것이다."

9월 26일 귀하의 허가 하에 여운형은 김일성, 김두봉, 주영화, 최창익, 허가이 등 북조선노동당 정치위원들을 만났다. 이 회의에는 그와 함께 온 사람들도 출석하였다. 여운형은 남쪽의 정치적 상황에 대해서 2시간 동안 보고했다. 그 보고서에는 다음과 같은 점들이 언급되었다.

남한에서의 미국의 정책.

좌우 합작.

여러 정당들의 노동당으로의 합당.

미국인들에 의한 입법의회의 구성

일본 항복 이래 지금까지의 좌익과 우익 정당의 활동에 대하여 밝힌 뒤 여운형은 다음과 같이 말했다.

"조선 임시정부 구성을 위한 소미공동위원회의 활동 시기에 미국인들은 공산주의자들을 고립시키고 좌익을 자기 진영으로 끌어들이고자 했지만 실패했다. 그 협의가 종결된 뒤 미국인들은 좌익 정당에 대한, 특히 공산주의자들에 대한 탄압을 실시했다.

이 탄압은 미국 정부의 명령으로 시작되었으며, 이는 미군정의 정책에 반대한 모든 단체를 제거해야 한다는 것이다. 미군정은 남한에서 탄압적인 정책을 실시하고 있다. 하지 장군은 정치가가 아니라 군인이며 그의 정책은 맥아더 장군과 미국 정부의 지지를 받고 있다. 그들은 아놀드가 한국 관련 정책과 관련해서 너무 유약하다고 여겨 그를 한국으로부터 소환했다. 미국인들은 좌익 정당의 합당을 미국의 남한에서의 정책에 반대하는 것으로 이해하여 이를 치열하게 공격했다.

3개 정당의 합당에 대한 문제.

우리는 박헌영이 북조선에 다녀왔다는 것을 알고 있었고 그가 북쪽에서 우리 미래의 활동에 대한 좋은 지시를 가지고 올 줄 알았지만, 그는 열흘 동안 나에게 아무 말도 하지 않고 합당 사업을 시작했다. 나를 만난 후에 박헌영은 공산당 내의 통합을 위해서 필요한 모든 조치를 취해야 했고, 나는 조선인민당을 준비시키는 임무를 맡았다. 내가 이틀 동안 아파서 시골에 내려가 있었을 때 박헌영은 나의 이름으로 조선인민당에 지시를 하달했고, 내가 서울로 올라온 후에 나에게 이 지시에 서명하라고 했는데 나는 이를 거절했다. 왜냐하면 그는 인민당 수장인 나에게 그 내용을 알려주지도 않고 이 지시를 하달했기 때문이다. 게다가 나는 백남운에게 화가 났다. 백남운은 공산주의자들이 나를 (해독 불가) 한다며 조롱했다. 박헌영에 대한 모욕감 때문에 나는 그 자리에서 물러났다. 나 없이 합당은 불가능하다는 것을 보여주고 싶었기 때문이다. 무엇보다도, 박헌영은 노동당이 나, 박헌영 등 3명의 지도자를 선출할 것을 제안했다. 여기서 나는 노동당의 3인 지도자 체제에서 내가 공산주의자들의 꼭두각시로 놀아나게 될 수 있음을 알게 되었다.

나는 조선인민당 지도자 자리에서 물러났다. 박헌영이 공산당뿐만 아니라 내가 지도자인 조선인민당에서까지 저지른 독재 등의 실책으로 인해 합당 과정은 지연되었다. 생각을 정리한 후에 나는 조선인민당 지도자 직위로 복귀했으며 합당 작업을 계속하기로 결심했다. 나는 앞으로 이 일을 어떻게 진행해야 할지에 대한 조언을 받으러 왔다. 내 생각에 만약 합당이 이루어진다면 미국의 압박이 있을 것이고, 그러면 노동당은 지하투쟁에 들어가야 하는데 이는 불가능한 일이다. 그렇기에 지금은 합당은 불가한 일이다. 우리는 앞으로 무엇을 해야 하는가?"

김일성은 여운형에게 이러한 경우에는 합당을 위한 더 좋은 기회가 생길 때까지 일시적으로 멈춰야 한다고 대답했다. 그리고 그는 북측에서의 현 정치적 상황에 대해서 이야기하면서 북조선에서 공산당과 신민당의 합당이 어떤 방식으로 진행되었는지, 그리고 그 결과로 노동당은 500,000명의 당원이 있는 제일 강력하고 권위 있는 북조선 정당이 되었으며 북조선의 근로 대중들이 그 창당을 환영하였음을 강조하였다. 그는 또한 "우리는 귀하, 박헌영 그리고 백남운 등 저명한 정치가들의 지도하에 남한에서도 합당이 더욱 성공적으로 진행될 것이라고 기대했지만, 이는 의외로 미국인들의 승리로 끝났다. 당신들이 이 임무를 완수하지 못하였기 때문에, 일시적으로 합당을 연기할 수밖에 없다"라고 말했다.

김일성의 이 말은 여운형의 약점을 건드렸다. 그는 의자에서 벌떡 일어나 방에서 펄펄 뛰며 다음과 같이 말했다. "그렇지 않다, 우리는 계획대로 모두 진행할 수 있다! 우리는 공산당, 조선인민당과 신민당을 노동당으로 통합할 것이다! 나는 남쪽으로 돌아가자마자 이를 반드시 성사시킬 것이다. 나는 노동당의 당수가 될 것이고, 우리 당은 남한에서 가장 강력한 정당이 될 것이다. 나는 미국인들이 나를 감금하는 것이 두렵지 않다. 미국인들은 감히 그러지 못할 것이다. 그들은 박헌영을 감금하려고 했다가 그 결과로 파업이 일어났다."

김일성은 다음과 같이 말했다. "남한의 민주주의민족전선은 미군정에 박헌영 감금에 대한 명령을 취소할 것을 요구해야 한다." 여운형은 대답했다. "이는 가능하다. 우리는 이를 인민 대중의 지지를 통해 이뤄 낼 것이다. 나는 끝까지 남쪽에서 노동당이 창립될 수 있도록 투쟁할 것 이다. 우리는 이를 무조건 이뤄낼 것이다."

9월 26일에 담화는 계속되었다. 담화에 김두봉, 김일성과 여운형이 출석하였다.

좌우합작 문제에 대해서 여운형은 다음과 같이 말했다. 박헌영이 제 안한 것처럼 우리는 우익이 모스크바회의 결정을 인정한다는 전제 하 에 좌우합작 작업을 계속하기로 했으며, 반동분자가 제외된 공동위원 회 활동의 재개를 요구하기로 했는데, 이 정부에는 이승만과 김구가 들 어오지 못하게 할 것이었다. 박헌영이 북에서 돌아온 후에 그의 제안에 따라 좌우합작 운동은 중단되었다. 이는 여론에서의 우리의 권위를 훼 손했다. 왜냐하면 합작을 시작한 것은 우리였고, 중단한 것도 우리이기 때문이다. 그리고 협상과 좌우합작 중단의 장본인이 나였기 때문에 나 는 지금 어려운 상황에 빠져 있다.

입법의회에 대하여,

여운형은 다음과 같이 말했다. "미군정은 입법의회를 구성하고 있다. 우리 좌익은 여기에 의원으로 들어가야 한다." 그는 다음과 같은 예를 들었다. "두 군대가 고지를 점령하려 하는데, 이 고지를 먼저 점령한 군 대가 더 강한 힘을 발휘할 수 있다. 좌익은 이 고지를 점령한 후에 전투 를 벌이고자 한다." 그는 또한 다음과 같이 말했다. "좌익이 입법의회에 들어가지 못해서 그 고지가 우익에게 점령된다면 좌익은 큰 곤란에 빠 질 것이다. 우리는 입법의원으로 들어가 우익과 싸워서 입법의회에서 그들을 퇴출시켜야 한다. 우리가 입법의회 참가를 보이콧하면 그들은 반동적인 법률을 도입할 것이고 우리 좌익은 아무것도 할 수 없게 될 것이다. 그런데 우리가 입법의원으로 들어갈 경우 두 가지 위험 요소가 있다. 첫째는 그렇게 함으로써 우리는 미군정의 정책을 정당화하게 되고 인민에 대한 영향력을 잃어버리리라는 것이다. 둘째는 좌익들 중에 미국의 정책에 동의하는 기회주의자들이 생길 수 있다는 것이다." 이에 대해서 김일성은 다음과 같이 대답했다.

"미국이 남한에서 입법의회를 만들려는 시도는 다음과 같은 의도를 나타낸다.

1. 조선에서의 임시 민주주의정부 창건으로부터 인민의 주의를 돌리는 것.

2. 조선을 두 부분으로 장기간 분단시키는 것.

3. 의원 50%가 하지에 의해 임명되는 이 비민주주의적인 기관을 통해서 미국의 의지를 주입하고, 조선인들 스스로의 손으로 민주주의적인 정당들을 제거하는 것.

따라서 좌익은 조선 임시정부 구성을 위한 공동위원회 활동의 조속한 재개를 요구해야 한다."

이에 대해서 여운형은 다음과 같이 대답했다. "귀하가 좌익이 입법의회에 참여하지 않는 것을 조언한다면, 나는 입법의회에 들어가지 않겠다. 나는 서울로 돌아가서 노동당의 창립을 위한 작업을 할 것이다. 만약 미국인들이 노동당의 합법적 창립을 막는다면 우리는 이를 옛 이름 아래 만들 것이다. 이는 사실상 하나로 통합된 정당일 것이며, 나는 이 정당을 '노동인민당'이라고 명명할 것을 제안한다. 그리고 남한과 북조선이 통일되면 당 전체 대회에서 당의 명칭을 바꿀 것이다.

나는 다음과 같은 전술을 사용해야 한다고 생각한다. 우리는 한편에서 미국인들에게 미소를 보이며 다른 한편에서 그들을 쳐야 한다."

다음에 여운형은 소련의 세계 정치에서의 입장의 강도에 대해서 의심을 표했다. 그는 다음과 같이 말했다. "국제 정치에서 소련은 고립되어 국제회의에서 탈퇴하는 경우가 있었고, 때문에 국제 정치 문제들이 소련의 참여 없이 해결되기도 했다. 미래 조선 정부에 대한 담판 때에도 소련이 소수파가 되어 미국, 영국과 중국이 소련의 참여 없이 김구나 이승만의 정부를 세우게 될 경우가 발생할 수 있지 않겠는가?" 이에 대해서 김일성은 다음과 같이 대답했다. "귀하는 상황을 잘못 이해하고 있다. 제2차 세계 대전이 끝난 지금은 세계도 소련도 이전과 다르다. 제2차 세계대전에서 소련은 파시즘과 일본 제국주의를 격멸하는 데 주된 역할을 하였고, 서유럽과 아시아의 여러 국가들을 파시즘의 예속에서 해방시켜 전례 없는 권위를 얻었다. 이제 소련 없이는 그 어떠한 국제적인 문제도 해결될 수 없다. 소련을 배제한 조선 관련 문제의 해결은 있을 수 없다. 따라서 당신의 의심은 근거 없는 것이다. 우리는 좌익의 입장을 단단히 유지해야 한다. 우리는 패배하지 않을 것이다!" 여운형은 이에 대해서 다음과 같이 대답했다. "귀하의 의견에 동의한다. 조선은 오직 소련의 원조 하에서만 자립을 획득할 수 있다."

담화 후에 김일성은 내일 여운형이 소비에트 사령부의 대표자들과 만날 수 있을 것이라고 그에게 말했다.

귀하의 명령에 따라, 여운형과 나의 만남이 1945년 9월 28일에 진행되었다. 담화는 3시간 동안 이어졌다. 담화 후에 여운형은 그가 담화에 만족하였다고 말했다. 그는 새로운 힘을 얻었고 그의 의심은 풀렸다. 그는 소련이 형의 입장에 서서 갓난 동생인 조선을 버리지 말고, 자주 독립 국가를 세울 수 있도록 모든 원조를 제공해 달라고 부탁했다. 담화 후에 여운형은 다시 저녁 식사에 초대되었다. 저녁 식사는 따뜻하고 우호적인 분위기 속에서 진행되었다.

소련군 민정담당 부사령관
로마넨코 소장
1946년 9월 28일

말리크가 몰로토프 동지에게 보내는 보고서

KWRB-0091, АВПРФ

몰로토프 동지에게

귀하의 지시에 따라 조선 소미공동위원회 소련 대표단에 대한 소련 내각회의 결정서가 작성되었습니다. 툰킨 동지와 다른 대표단 일원들은 쉬띄코프 동지의 관할하에 보로실로프 시로 5월 13일 또는 5월 16일 이전에 파견될 것입니다.

결정서 초안을 승인하여 주시기 바랍니다.

Ia. 말리크Малик

1947년 5월 10일
243호 / ma.

사포즈니코프 소장이 전 연방 공산당 중앙위원회 수슬로프Суслов 동지에게 보내는 서한

KWRB-0092, РГАСПИ

수슬로프 동지 귀하

전연방 공산당 중앙위원회

연해주군관구 정치부장은 북조선과 남한의 5월 1일 기념행사에 관련하여 보고한다.

5월 1일 기념행사를 위해 북조선의 중심지뿐만 아니라 지방 도시에서도 대규모 준비 작업이 진행되었다. 5월 1일 기념행사를 위한 모든 준비 작업은 민주주의민족전선 중앙위원회 산하 위원단이 담당했다.

4월 30일 평양과 다른 도시에서는 5월 1일을 기념하는 성대한 집회가 열렸으며 정당과 인민위원회의 대표들이 보고서를 발표했다. 집회에서는 스탈린 동지, 몰로토프 동지, 인민회의, 북조선인민위원회와 김일성 위원장에게 전하는 인사의 글이 전달되었다.

5월 1일 북조선의 모든 인구 밀집 지역의 행진에는 대규모 인파가 참여했다. 평양시의 행진과 집회에 약 백만 명이, 북조선 전체에서는 약 3백만 명이 참여했다.

평양시 모란봉 공원의 5월 1일 행진 중에는 일제로부터 조선을 해방시킨 소비에트 군인들을 기리는 비석의 완공식이 열렸다.

5월 1일 집회와 행진은 '노동자들의 진실한 친구이자 모든 민족의 평화와 안보의 수호자인 소련 만세!', '북조선인민위원회를 중심으로 더 굳건히 모이자!', '북조선 인민들은 한마음으로 마셜의 편지에 대한 몰로토프 씨의 답신을 지지한다'와 같은 기치를 내걸고 진행되었다.

북조선의 집회와 행진은 질서정연하게 진행되었고 그 어떠한 반소적이거나 선동적인 연설도 없었으며, 인민위원회를 중심으로 모든 인민이 단합·단결하는 모습과 통일전선을 더욱 굳건히 해 조선과 모스크바3상회의의 결정 사항을 기반으로 민주 국가를 건설할 조선 인민들의 준비된 모습을 확인할 수 있는 자리였다.

남한에서는 미군정이 5월 1일을 기념하는 모든 행사를 막는 조치를 취했다. 미군정은 남한에서의 모든 집회와 행진을 금지했다. 5월 1일 전날과 당일 도처의 경비가 강화되었고 도시에서는 거리 순찰이 진행되었다.

이러한 금지와 행정적 조치에도 불구하고 남한의 서울과 다른 도시의 노동자들은 민주적 정당들과 사회단체들이 주관한 집회와 행진에 적극적으로 참여했다. 가장 참가자가 많았던 집회는 5월 1일에 조선노동동맹, 노동당, 민족혁명당이 주관한 가운데 서울에서 개최되었다. 집회에 참여한 서울 시민들은 소미공동위원회 활동 결과에 대한 보고를 듣고, 민주적 정당들과 단체들이 소련 외무부 몰로토프 장관, 미 국무부 마셜 장관, 미국 및 소련 정부, 하지 장군, 북조선 노동조합에 발송하고자 준비한 전보와 서한을 승인했다. 집회에서 연설한 이들은 조선의 반동주의자 테러리스트들과 미군정이 벌이는 반민주적 활동을 폭로했다. 극심한 검열에도 불구하고, 이 기간 동안에 남한의 조선 인민들이 5월 1일 행진을 허가받지 못하였고 남한의 노동운동은 음지에서 활동을 해야만 하는 등 민주적 자유가 없다는 내용의 연설이 라디오로 중계되었다.

일부 지역에서는 우익반동정당들이 집회의 주도권을 탈취하려는 시도를 벌였다. 일례로 5월 2일 순천군에서는 조선노동총동맹이 집회를 주관했는데, 모든 노동단체들과 시민들이 참여한 이 집회에서 조선노동총동맹 최규훈 부위원장은 '조선에는 대규모 자본가들이 없기 때문에 계급투쟁을 벌일 이유가 없다'고 연설했다. 집회 연설자들은 좌파 정당을 급격히 비난하고 나섰다.

남한의 많은 장소에서 경찰과 행진 대열 간 충돌이 일어나 사상자가 발생했다. 전라도에서만 12명이 죽고 32명이 다쳤다. 23개 지역의 행진 참가자들은 경찰서를 습격했다. 습격을 가한 이들은 경찰 몇 명을 죽이고 몇 명은 알 수 없는 곳으로 끌고 갔다. 일부 지역에서는 행진과 집회 동안 좌파 정당 지지자와 우파 정당 지지자들 간의 충돌이 일어났다.

조선노동동맹에 따르면 5월 1일 및 그 이후 경찰은 남한 전역에서 대규모 인원을 체포했다. 최종 집계 수치는 아니나 체포된 총 인원은 3천 명을 넘어섰다. 서울에서는 행진에 참가한 370명이 체포되었고, 그중에는 조선노동동맹 문화부장과 집회에서 연설한 노동자 3인이 포함되어 있었다. 체포된 이들은 미군정에 대한 비난 혐의로 기소되었다.

상기 정보를 전달한다.

소장

V. 사포즈니코프

1947년 5월 12일

57

주소련 미국 대사대리가
몰로토프에게 보내는 서한

KWRB-0093, АВПРФ

1947년 5월 13일 수신

영어에서 번역됨

미국대사관, 모스크바, 1947년 5월 13일

친애하는 몰로토프 씨

국무장관 편지의 내용을 귀하에게 전달하게 됨을 영광으로 생각합니다.

"친애하는 몰로토프 씨,

저는 1947년 5월 7일자 귀하의 편지를 잘 받았고 1946년 12월 24일 자에 북조선 주둔 소련군 사령관에게 전달된 미군 사령관의 제안을 토대로 공동위원회를 다시 소집할 것에 대한 귀측 정부의 동의에 대하여 기쁘게 생각합니다. 이 제안은 미국 정부의 승인을 받은 것이며 제가 1947년 5월 2일에 보낸 편지의 두 번째 단락의 내용과 동일합니다.

저는 서울에서 위원회를 소집하기 위한 준비를 즉시 실시하라는 명령을 조선 주재 미군 사령부에 전달하였습니다. 이 편지의 사본은 영국 과 중국 정부에도 보내졌습니다.

심심한 경의를 다시금 표합니다.”

깊은 경의를 표하며

에드브리지 듀르브로우

대사대리

소련 외무부 부장

몰로토프 귀하

소련

모스크바

V. 파블로프Павлов 역

58

말리크가 메레츠코프 동지와 쉬띄코프 동지에게 보내는 보고서

KWRB-0094, ЦАМО

메레츠코프 동지에게

쉬띄코프 동지에게

5월 13일 모스크바 주재 미국 대사대리가 몰로토프 동지에게 아래와 같은 마셜 씨의 편지를 보냈다.

"저는 1947년 5월 7일 자 귀하의 편지를 잘 받았고 1946년 12월 24일 자 북조선 주둔 소련군 사령관에게 전달된 미군 사령관의 제안을 토대로 한 공동위원회 재소집에 대해 귀측 정부가 동의한 것에 대하여 기쁘게 생각합니다.

이 제안은 미국 정부의 승인을 받은 것이며 제가 1947년 5월 2일에 보낸 편지의 두 번째 단락의 내용과 동일합니다.

저는 서울에서 위원회를 소집하기 위한 준비를 즉각 시행하라는 명령을 조선 주재 미군 사령부에 전달하였습니다.

이 편지의 사본은 영국과 중국 정부에도 보내졌습니다."

제8324호

1947년 5월 14일

말리크.

쉬띠코프 상장 동지에게 사본 2매 발송.

59

코로트코프 중장이 하지에게 보내는 서한

KWRB-0095, ЦАМО

남한 주둔 미군사령관 존 R. 하지 중장에게

BCh로 수신

북조선 주둔 소련군사령부

조선, 평양에서, 1947년 5월 __ 일

조선, 서울

존경하는 하지 장군

저는 우리 정부의 지시를 받아 소미공동위원회 소련 대표단 인원수
를 변경한 사실을 전달하게 되어 영광스럽게 생각합니다.

승인된 소련 대표단의 구성을 다음과 같이 알립니다.

쉬띄코프 T. F. 상장 ― 소련 대표단장

툰킨Тункин G. I. 씨 ― 소련 대표단원

레베데프 N. G. 소장 ― 소련 대표단원

고문들과 전문가들은 소련대표단장의 필요에 따라 초대될 수 있습니다. 이에 대하여 사전에 통고할 것입니다.

소련 대표단은 1947년 5월 19일 10시 00분에 서울로 출발할 계획입니다. 소련 대표단을 맞이할 준비와 관련하여 통지를 바랍니다.

진심으로 귀하를 존경하는

코로트코프Коротков G. F. 근위중장

북조선 주둔 소련군 사령관

번역. 레베데프.
검토. 미로넨코Мироненко. 1947년 5월 16일 현지 시간 15시 20분 3부.

코로트코프 중장이 하지에게 보내는 서한

KWRB-0096, ЦАМО

남한 주둔 미군 사령관 존 R. 하지 중장에게

북조선 주둔 소련군사령부

조선, 평양에서, 1947년 5월 19일

조선, 서울

존경하는 하지 장군,

과거 소미공동위원회 소련대표단원이었던 S. K. 차랍킨이 다른 임무를 맡아 사임하고, 그 대신 G. I. 툰킨이 임명되었음을 통지하고자 귀하에게 이 편지를 보냅니다.

귀하를 진심으로 존경하는

코로트코프 G. F. 근위 중장

북조선 주둔 소련군 사령관

이그나티예프가 쉬띠코프에게 보내는 보고서

KWRB-0097, ЦАМО

GONETs NR 2937 162 23/56 58 마드리드로부터

전화로 쉬띠코프에게

1947년 5월 21일 11시에 북조선민주주의민족전선 중앙위원회 회의가 개최되었다. 회의에는 정당과 사회단체 지도자 16명이 참여하였다. 민주주의민족전선 중앙위는 소미공동위원회 활동 재개에 대한 성명 문제를 논의하였다. 김일성이 이 문제에 대하여 보고하면서 먼저 작년 소미공동위원회 활동 중단의 이유를 설명한 후 모스크바 결정을 실현하고자 하는 소련 정부의 굳은 의지에 감사의 뜻을 표하였으며 소미공동위원회가 활동을 재개할 수 있게 된 것은 소미 양국 정부의 합의 덕분이라고 지적하였다. 이어서, 김일성은 정당원과 사회단체 회원 6백만 명과 북조선 인민 전체가 위원회의 성공적인 활동을 기대하고 있으며 조선에 진정한 통일민주주의임시정부가 수립되기를 원하고 있다고 말하였다. 이어서 소미공동위원회 활동 재개와 관련한 민주주의민족전선 중앙위원회 선언문이 낭독되고 채택되었다.

이그나티예프Игнатьев

보로딘Бородин

확인.

1부.

62

미코얀이 스탈린 동지에게 보내는 제안

KWRB-0098, АВПРФ

I. V. 스탈린 동지에게

비밀

복사본

1946년 7월 27일 자 소련 내각회의 결의에 의거하여 소련 해외무역부는 작년 9월부터 북조선 무역국과 체결한 무역협정에 기초한 무역 거래를 진행하게 되었다. 각 측의 상품 거래 총액은 7백만 미국 달러이다.

1947년 5월 20일 현재 협정에 따라 조선인들이 576만 7천 미국 달러 상당의 상품을 공급하였고, 176만 7천 미국 달러 상당의 상품이 5월과 6월 초 선적을 위해 조선 측 항구에 집결되었다. 그 총액은 7백만 달러이다.

같은 기간 소련 측의 공급은 555만 9천 달러이다. 약속한 나머지 상품은 5월과 6월에 조선인들에게 공급될 예정이다.

조선인들은 1947년 전반기에도 각 측 1천 6백만 달러의 상호 상품공급협정 체결을 제안하고 있다. 소련 상품과 조선 상품의 가격을 비교할 경우 이 제안은 우리에게 유리한 것이며 받아들일 만한 것이라고 생각한다. 소련상품 공급가액에 2백만 미국 달러에 상당하는 군사령부가 조선인들에게 양도한 특수재산을 포함시킬 생각이다.

조선 상품 중 제3목록 약 6백만 미국 달러 상당 부분에 대해, 대외무역성은 이를 제3국에 미국 달러로 판매, 그중 140만 달러를 조선에 공급할 상품 부족분을 타국에서 구입하는 데 사용하도록 전용하게 해줄 것을 요청한다.

소련 내각회의의 결의서 초안을 첨부한다.

A. 미코얀Микоян

1947년 5월 23일

63

1947년 북조선 상품 교환 협정의 초안

KWRB-0099, АВПРФ

1947년 북조선 상품 교환 협정에 관하여

기밀, 초안

소련 내각 결의서

1947년 5월 __일, 모스크바, 크렘린

소련 내각은 다음과 같이 결정한다.

1. 해외무역부로 하여금 제1호와 제2호의 목록에 따른 각 1천 6백만 미국 달러 상당의 상품교환 협정을 북조선 무역국과 체결할 것을 허락한다.

소련 측 공급 금액에는 2백만 미국 달러에 해당되는, 군사령부가 조선에 양도하는 특수재산을 포함할 것이다.

2. 해외무역부로 하여금 6백만 미국 달러에 해당되는 조선산 상품의 일부를 제3국에 자유화폐로 판매, 그중 140만 미국 달러로 제3호와 제4호 목록에 기재된 상품들을 조선에 공급할 목적으로 타국에서 구입할 것을 허락한다.

소련 내각 수상

I. 스탈린

64

제121973/Sh호 암호 전문

KWRB-0100, АПРФ

발신자 : 연해주군관구 사령부

발신일 : 1947년 5월 12일 18:35

수신일 : 1947년 5월 12일 13:15

모스크바, 전 연방 공산당(볼셰비키)

스탈린 동지에게

1946년 7월 26일 소련 정부의 결정에 따라 12월 18일, 전보 15827을 통해 우리는 82명의 기술자를 파견하여 산업 및 철도시설 복구와 관련하여 북조선인민위원회에 원조를 제공하고자 하는 계획을 전달하였다.

지금까지는 단 한 명의 소련 기술자도 북조선으로 파견되지 않았다.

우리는 여러 번에 걸쳐 대외무역부에 요청을 하였으나 소련의 기술자 파견에 대한 문제는 외무부에 문의해야 한다는 답변을 받았다.

외무부에서 말하기로는 이 문제는 국방부에서 담당해야 하는 문제라고 하였고, 또한 국방부는 기술자들이 그들 관할이 아니기에 이 문제를 해결할 능력이 없다고 하였다. 따라서 아직 북조선에서 일할 소련 기술자들의 모집 및 파견 문제는 사실상 해결되지 않은 상태이다하지만 현재 북조선의 상황에서 소련 기술자들의 파견은 반드시 필요하다.

일본패망 이후 일본의 기술자들은 북조선에서 일정 기간 일하였으나 현재는 본국으로 송환된 상태이다.

그 결과 북조선의 산업과 철도시설은 극심한 기술자 부족 상태이며, 이러한 면에서 매우 어려운 상황에 처해있다. 기술자 부족으로 인해 북조선 산업과 철도운송은 1947년 1분기 계획을 완수하지 못했다.

북조선인민위원회는 수차례에 걸쳐서 우리에게 기술자들을 지원해 줄 것을 요청하였으나 아직까지 우리는 그러한 원조를 제공하지 않았다. 인민위원회의 구성원 사이에서는 이러한 문제들로 인해 북조선이 국영화된 산업시설과 교통망을 운영할 수 없을 것이라는 부정적인 견해가 확산되고 있다.

소련 및 다른 외국 기술자들의 도움 없이는 북조선의 산업과 철도시설을 운영할 수 없다. 우리는 즉시 북조선으로 소련의 기술자들을 파견해야 한다. 이는 단지 북조선인민위원회의 산업 및 교통 운영을 돕기 위해서만이 아니라, 장래 한반도에서의 소련의 위상과 영향력을 공고히 하기 위함이기도 하다.

만약 북과 남의 통일 및 임시정부 수립 이전에 소련의 기술자들이 북조선으로 파견되지 않는다면 임시정부는 외국의 도움에 의존할 수밖에 없는 상황이기 때문에 미국의 도움을 받고자 할 것이고, 이는 조선반도에서의 미국의 영향력을 확대하게 되어 우리의 이익을 해칠 것이다. 따라서 북조선으로의 소련 기술자 파견을 서두를 것을 요청한다.

메레츠코프Мерецков, 쉬띠코프

1947년 5월 12일

65

추를랴예프 이오시프 니콜라예비치 동지의 직무 이력서

KWRB-0144, ЦАМО

추를랴예프 이오시프 니콜라예비치 동지의 직무 이력서

추를랴예프Чурляев I. N. 동지. 1889년생. 전연방공산당(볼셰비키) 당원. 1937년 모스크바 계획대학 졸업. 마지막 근무처는 러시아소비에트연방사회주의공화국 계획부(고스플란) 산업협동조합국 부국장. 1947년 4월, 북조선 인민경제 실질계획 및 원조 제공을 위하여 북조선 소련민정청 국장 휘하로 파견되었다.

중요 간부일꾼이며 지역산업과 산업협동조합의 조직 및 계획업무를 잘 안다 현재 북조선 지방산업 개발 및 산업협동조합 조직사업을 진행하고 있다. 경제학자로서 아주 귀중한 근무자이다.

이후에도 그를 계획국의 고문으로서 활용하는 것이 바람직하다.

산업국 副고문 로디오노프Родионов 중좌

1947년 7월 1일

(수기) 추를랴예프 동지는 자격이 있고 전면적으로 발전된 (해독 불가) 일꾼이다. 해임하지 않고 북조선에 계속 있게 하는 것이 바람직하다. 그러면 그를 소련 민정청에서 사용할 수 있을 것이다.

66

북조선인민위원회의 구성에 대한 보고서

KWRB-0102, ЦАМО

도, 시, 군, 면, 리里 인민위원회 선거 결과로, 70,454명이 선출되었다.
사회적 성분으로 분류하자면 인민위원회들의 구성은 다음과 같다.

농민	56,356명 또는 78.0%
노동자	4,132명 또는 6.4%
사무원	8,197명 또는 12.0%
지식인	820명 또는 1.03%
상인	877명 또는 1.22%
산업가 및 기업가	255명 또는 0.27%
종교인	211명 또는 0.33%
과거 지주	32명 또는 0.04%
수공업자	5명 또는 0.007%

당 소속으로 분류하자면 인민위원회들의 구성은 다음과 같다.

노동당 당원	57.7%

민주당 당원	7.7%
천도교청우당 당원	5.3%
무소속	29.3%

인민위원회들의 당선자 중 9,521명이 여성인데, 이는 당선자 총수의 12.1%이다.

제7국 부국장 코르닐로프Корнилов 소좌

67

리강국 인사 카드

KWRB-0064, ЦАМО

인사 카드

---

1. 성명 : 리강국

2. 직무 : 외무국장

3. 생년 : 1906

4. 민족 : 조선인

5. 사회적 출신성분 : 중농

6. 자산 상황 : 없음

7. 1945년 8월 15일 이전에 하던 일 : 경찰 감시하에 서울 거주

8. 당 소속 및 경력 : 노동당 당원

9. 과거 소속 당 : 1932년 독일공산당 당원

10. 교육 : 법학 학사

11. 해외 거주 : 독일, 덴마크, 프랑스, 영국, 미국.

12. 투옥 경력 : 혁명 활동으로 1938년 10월에서 1941년 5월까지 수감

개략

서울의 부농 가정에서 출생. 1930년에 경성제국대학교 법학부를 졸업하였다. 1930년 4월부터 1932년 3월까지 당교의 법학 교원으로 근무하였다. 1932년 5월 학업을 목적으로 베를린으로 떠났다. 그곳에서 베를린대학 법학부 통신과정заочный курс에 입학했다. 1932년 11월 독일공산당에 입당하였고, 철도주식회사 소속 소부르주아 신문의 기자로 활동하였다.

파시스트 정권이 수립된 후 독일공산당 중앙위원회가 자를란트에 옮겼을 때 그는 독일공산당 중앙위원회의 연락원이 되었다. 그는 독일공산당 중앙위원회의 연락원으로서 1935년 6월에 덴마크에 있었고, 1934년 6월에는 파리에 있었다. 빌헬름 피크와 개인적으로 알고 있다.

1935년 8월에 런던(그곳에서 1개월 동안 거주)과 워싱턴을 거쳐 귀국하였다.

1935년 11월 서울에 왔으며, 그곳에서 당의 지하사업을 하였다. 1938년 11월 체포된 후 원산으로 이송되어 재판 없이 1941년 5월까지 투옥되어 있었다. 1941년 5월 보석으로 석방되어 서울로 돌아와 경찰 감시하에 살았다. 1942년 11월 이 일로 추가 재판을 받고 2년 형을 선고받았으나 구금되지 않았다. 경찰 감시하에 서울에서 계속 살았다.

그동안 지식수준을 높이고 마르크스주의 서적을 읽었다.

일본이 항복한 후 조선공산당 중앙위원회에서 근무하다가 1945년 9월부터 남한 중앙인민위원회 비서가 되었고 1946년 2월부터는 남한 민주주의민족전선 서기로 일했다.

하지 장군이 공산당 중앙위원회 위원들에 대한 체포 명령을 내린 후 박헌영의 지시를 받고 1946년 9월에 월북하였다. 아내, 어머니, 아이 5명이 경찰 감시하에 서울에 남아 거주하고 있으며, 19세 장남은 1946년 9월 소련으로 유학을 떠났다.

리강국은 이론적으로 잘 준비되어 있고 세계 고전에 대한 지식도 있다. 신문에 정치적 글을 많이 기고하고 있다. 자제력 있고 문화 수준이 높으며, 단정한 차림으로 다닌다.

주변 사람들과 사교적이지 않다. 박헌영과 매우 친하고 실제 활동에서 그의 지시를 따른다.

완전히 친소련적이다.

1947년 6월 19일
3부 발송.

68

김일성이 쉬띄코프에게 보내는 서한

KWRB-0103, ЦАМО

존경하는 T. F. 쉬띄코프 상장에게

북조선 인민들을 대표하여 조선의 통일민주주의정부를 수립하기 위해 최선을 다하고 있는 쉬띄코프 상장을 비롯한 소련대표단원 모두에게 감사의 뜻을 표합니다.

조선 인민 모두는 크나큰 희생을 치르고 승리를 거둔 소련군에 의해 일본 식민지 압제로부터 조선 인민들이 해방된 날인 8월 15일을 기쁘고 행복하게 맞이할 것입니다.

이날은 피로 맺은 소련 인민과 조선 인민의 우정이 시작된 날입니다.

쉬띄코프 상장과 소련대표단원들에게 8 · 15해방 2주년을 맞이하기 위한 행사에 참여해 주기를 간절히 부탁합니다.

북조선인민위원회 위원장 김일성

1947년 8월 6일

69

소련 대표단장이 조선 인민에게 보내는 인사

KWRB-0104, ЦАМО

소련 대표단장이 조선 인민에게 보내는 인사

1947년 8월 15일 조선 인민들은 일제의 식민지 압제로부터 해방된 2주년을 기념합니다. 이 축일에 저는 소미공동위원회 소련 대표단장으로서, 그리고 개인적으로 남한 인민에게 진심 어린 인사와 뜨거운 축하를 보냅니다.

정확히 2년 전 파시스트 독일의 패망과 더불어 일제도 패망하였습니다. 침략자를 격파하는 데 결정적 역할을 한 소련군은 1945년 8월에 조선 영토로 진입하여 격전을 통해 일본군을 격파하고 그들에게 항복하지 않을 수 없게 함으로써 조선 인민들을 일제의 식민지 압제로부터 해방시키는데 직접적인 기여를 하였습니다.

소련 대표단은 이를 자랑스럽게 생각하며, 현재 조선에 독립 국가를 건설하기 위해 조선 인민들에게 우호적인 도움을 제공하고자 하는 오직 한 가지의 열망을 가지고 있습니다.

소련 대표단은 조선 인민들이 하루빨리 전 조선에 자신만의 단일한 민주주의 정부를 가지게 되고, 모스크바 결정에 쓰인 바와 같이 조선이 하루빨리 모든 외국의 간섭으로부터 자유로운 독립 민주주의 국가가 되기를 진심으로 바라며, 또한 이것이 실현되도록 전력을 다하고 있습니다.

소미공동위원회 소련 대표단장

T. 쉬띠코프 상장

1947년 8월 14일

70

조선 해방 2주년

KWRB-0105, ЦАМО

국제연합에 보내는 호소문

1947년 8월 15일

보안국의 조평옥이 연합국에 보내는 호소문을 낭독하였다. 그 후 시위가 진행되었다.

8월 16일 서울라디오가 8월 15일 대중시위에서 국제연합에 보내는 호소문이 채택되었다고 전달했는데, 이 호소문의 내용은 다음과 같다.

3천만 조선 인민은 연합국에 조선을 일제의 멍에에서 해방시킨 데 대하여 무한한 감사를 표하며, 일본과의 전쟁에서 전사한 이들을 추모하는 바이다. 조선 해방 이후 꽃이 만개하였으나, 아직 열매를 맺지는 못하였다. 조선은 두 부분으로 나누어졌다. 이북에는 소수로 구성된 독재 정권이 만들어졌다. 이 정권은 인민교육과 국가경제의 발전을 보장하지 못한다. 조선 남부에는 광범위한 인민대중의 뜻을 대표하는 진정한 민주주의가 형성되고 있다. 이렇게 부자연스러운 영토적 그리고 정치적 분단은 조선의 단일한 독립 민주주의국가의 수립을 막고 있다. 조선 인민은 카이로 선언에 근거하여 독립 민주주의정부의 수립을 요구하며, 이를 위하여서는 다음과 같은 조건이 만족되어야 한다.

1. 38선을 철폐하는 조건 하에서만 조선을 정치경제적으로 통합할 수 있다.

2. 조선 내정에 대한 외국으로부터의 어떠한 정치적 경제적 간섭도 있어서는 안 된다. 조선 인민은 스스로의 힘으로 자기의 국가를 수립해야 하고, 이 권리를 위해 언제나 투쟁해야 한다.

3. 조선 인민은 통일독립민주주의국가를 수립하는 데 있어 외국으로부터 진정하고 실질적인 도움을 받기를 원하고 있다. 우리는 약소민족들의 해방자인 국제연합이 조선의 자유와 독립을 보장해주기를 희망한다. 우리는 국제연합이 우리 민족의 바람을 잊지 않고 이를 실천하기 위해 모든 노력을 다하기를 기대한다. 이승만, 오세창, 안재홍, 김현진이 호소문에 서명하였다.

8월 17일 서울라디오는 쌀 3,700톤과 자동차 18대가 미국에서 조선으로 도착하였다고 전달하였다.

볼디레프^{Болдирев}.

71

말리크가 V. M. 몰로토프 동지에게 보내는 서한

KWRB-0106, АВПРФ

V. M. 몰로토프 동지에게

9월 10일 자 쉬뗘코프 동지에게 보낼 전신(우리 발신 제233호)에 대한 귀하의 지적과 관련하여, 8월 12일자 조선 공동위원회 미국 대표단의 제안(서울 수신 제494호 참고)과 8월 26일자 소련 대표단의 제안(발신 123~124호 참고)에는 그 대조에서 보이는 바와 같이 양측의 견해가 가까워지는 항목들이 있음을 알린다. 그 부분은 조선의 민주적 정당 및 단체들과의 구두 협의 포기, 협의를 대신하여 정당과 단체들이 위원회에 서면으로 제출한 제안들의 검토, 조선 민주주의임시정부의 구조와 그 정부의 정치 강령, 인적 구성에 대한 안의 준비 등이다.

우리가 미국 대표단에게 8월 12일과 26일자 미국 측과 소련 측의 견해가 수렴되는 항목들의 실현을— 즉 상기한 조선의 민주적 정당과 단체들의 서면 제안을 검토하고 상기한 초안의 작성 등을 실시함을— 제안하는 것은, 공동위원회를 결렬시키고 조선 문제를 4개국 대표들에게 맡기려는 미국의 명백한 기도에 반대하여 공동위원회 활동을 지속하고자 하는 시도이다.

미국 측에서 거부한 자문기관으로서의 조선임시인민회의 설치에 대한 우리 제안은 유보하며, 이 제안의 채택 여부는 향후 위원회 활동 재개와 무관하다.

Ia. 말리크

1947년 9월 10일
445/ma

72

말리크가 N. A. 보즈네센스키Вознесенский 동지에게 보내는 서한

KWRB-0107, АВПРФ

N. A. 보즈네센스키 동지에게

사본 : A. N. 불가닌 동지에게

A. G. 즈베레프 동지에게

소련 외무부는 소련 재정부가 제출한 "북조선 지역에서 유통 중인 화폐의 교환 시행에 대하여"라는 소련 내각회의 결정서 초안을 검토한바, 북조선에서 유통 중인 화폐를 교환하는 것이 적절하다고 판단한다.

이 조치의 결과로 소련군 사령부가 발행한 군표의 유통을 중단하고 현지 화폐를 유통시키게 될 것이다 또한 이 조치는 북조선을 남한 화폐의 침입으로부터 보호함으로써 북조선의 재정 및 경제 상황을 개선할 것이다

북조선에서의 화폐교환은 위조화폐 및 남한으로부터 밀수되어 들어오는 화폐에 의한 북조선 화폐시장 변질에 대한 투쟁 필요성을 홍보하는 캠페인과 함께 실시되어야 한다. 또한 남한 위조화폐 생산 공장과 화폐 위조자들에 대한 사법조치의 강화 등 방법으로 투쟁을 강화하여야

한다.

화폐교환은 금년 10월이나 11월 초에 실시되어야 한다.

소련 내각회의 결정서 초안에는 다음과 같은 새로운 조항들이 포함되어야 한다.

　　ⓐ 소련군 사령부가 발행했고 화폐교환을 통해 매집한 군표를 소련에 무상으로 양도한다.

　　ⓑ 북조선 주둔 소련군의 부양비용을 북조선인민위원회 부담으로 이관한다. 단, 무력부는 정치적인 입장을 고려하여 북조선 주둔 소련군의 비용을 어느 정도로 감축하는 조치를 취하는 것이 바람직하다.

소련군사령부가 북조선인민위원회와 소련군 부양비용 지급절차에 대한 협약을 체결하는 수정안을 초안의 제3조에 포함시킨다.

V. M. 몰로토프 동지와 이미 합의함.

소련 외무부 차관 Ia. 말리크

1947년 9월 13일

456/ma

말리크가 즈베레프 동지에게 보내는 서한

KWRB-0108, АВПРФ

소련 재정부 장관 즈베레프 동지에게

기밀, 제1극동국

1947년 9월 15일 701/1DV호

귀하가 9월 9일 V. M. 몰로토프 동지에게 제출한 북조선에서 유통 중인 화폐의 교환에 관한 보고서에 대하여 다음과 같은 결정이 내려졌다.

"말리크 동지에게.

내 생각에는 즈베레프 동지의 의견이 옳다. 이 사업의 실행 준비를 해야 한다.

V. 몰로토프, 9월 10일"

따라서 재정부가 신속히 북조선에서 유통 중인 화폐의 교환에 대한 소련 내각회의 결정서 초안을 준비하도록 귀하에게 부탁한다.

이 초안을 내각회의에 제출하기 전에 외무부와 소련 국립은행의 승인을 받는 것이 바람직하다.

소련 외무부 차관

Ia. 말리크

북조선 괴뢰군의 남침 준비'라는
신문 기사에 관한 보고서

KWRB-0109, ЦАМО

북조선 괴뢰군이 남한 침략을 계획하고 있다.

이것은 『INS』 기자인 마리온 휴즈가 쓴 오늘 자 기사의 제목이다. 이 기사에서 마리온 휴즈 기자는 특별히 조성된 기자회견에서의 북조선 난민 윤씨의 발언을 전하고 있다. 과거 평안도 남부 지역의 이른바 보안대장이었던 윤창상(22세)은 북조선에서 남한으로 넘어갔으며 기자회견에서 다음과 같이 발언하였다. "국제연합이 모든 외국군대의 조선 철수를 지시한다면, 북조선 괴뢰군은 공산혁명을 통해 온 나라를 점령할 것이다." 그는 올해 6월 24일과 9월 15일 시위에서 발언한 사람들이 모두 소미공동위원회 소련 대표단장 쉬띠코프 상장의 대표자들이었다고 말했다. 그는 7월 시위에서 북조선 지도자들이 비밀스러운 일시 미상의 침략계획을 수립했다고 말하였다. 계속해서 그는 다음과 같이 말하였다. 9월에 북조선 당국은 러시아가 소미 양군의 조선 동시 철수를 제안할 것임을 알고 있었고, 그렇게 되면 곧 혁명이 일어날 것이라고 믿었다고 하였다. 소련 측은 미국이 이 제안을 거절하리라 생각하지 않았다.

현재 북조선에서는 외국군 조선 철수의 경우를 위한 새로운 계획을 세우고 있다고 한다. 그는 조선인들에게 조선인들의 훈련과 교육이 조선을 미국과의 투쟁에 이용하려는 러시아의 정책과 연관된 것이고 조선이 소련의 다음번 가맹 공화국이 될 것이라고 말한 소미공동위원회 위원 발라사노프를 비난하였다. 발라사노프는 북조선 사람들이 공산주의와 미국식 자본주의 중에 선택해야 한다고 말하였다.

계속해서 윤은 북조선의 괴뢰군이 만주의 공산주의자 20만 명의 지원을 받는 7만 명의 병력을 보유하고 있다고 말하였다. 그는 북조선 인민들이 겪는 고난이 커지면서 북조선 내 공산당의 영향력이 약화되고 있다고 지적하였다. 그는 현재 북조선 공산주의자들과 연안파 공산주의자들 간에 분열이 포착되고 있다고 하였다.

『서울 타임즈』 1947년 10월 20일

75

쉬띄코프 상장 동지에게 보내는 보고서

KWRB-0110, ЦАМО

쉬띄코프 상장 동지에게

즈다니예에서 보냄

뉴욕, 11월 5일, (타스 특파원). 오늘 정치위원회가 조선 문제에 대한 논의를 마쳤다. 이미 언급하였듯이 미국 대표단과 미국 대표단의 의지를 잘 받드는 자들은 외국군대를 조선반도에서 철수시키고 조선 인민에게 자기의 운명을 스스로 결정하게 해줄 것을 요구했던 소련 대표단과 여러 다른 대표단들의 논거를 반박할 수 없었기 때문에 조선 문제에 대한 실질적인 논의를 거부하였다. 또한 같은 이유로 조선 인민의 대표자들로부터 조선 문제에 대한 의견을 듣기 위하여 그들을 총회에 초대하는 것도 막았다.

미국 대표단은 미국의 조선 내정 간섭을 은폐하기 위해 정치위원회로 하여금 이른바 조선에 대한 UN 임시위원단을 편성하는 결정을 내리도록 하는 데 모든 역량을 집중하였다.

오늘 회의에는 조선에서 자유 선거를 실시하고 민족 정부를 수립하도록 하기 위해 1948년 초에 조선에서 모든 점령군을 철수시키자는 소련 측 제안에 대한 투표가 진행되었다. 소련과 다른 슬라브 국가들, 그리고 이집트대표단이 이 제안에 찬성하였다. 20개국이 이 제안에 반대했고, 노르웨이, 덴마크, 이라크, 이란, 에티오피아, 스웨덴 등 7개 국가가 기권하였다. 24개국 대표단이 투표에 참여하지 않았다. 그러므로 소련 측 제안은 반대가 1/3을 조금 넘었을 뿐임에도 기각되었다. 이는 대다수의 대표단이 미국에 대한 순종으로부터 벗어나는 것을 노골적으로 두려워하면서도, 동시에 세계여론의 지지를 얻고 있는 소련 측의 공정한 제안을 반대하지도 못하는 상황을 선명하게 보여주고 있다.

이어서 미국 측의 결의안과 그 결의안의 본질을 변화시키지 않은 필리핀, 인도, 중국과 프랑스의 수정안에 대한 투표가 진행되었다. 미국 측 결의안에는 호주, 캐나다, 중국, 살바도르, 프랑스, 인도, 필리핀, 시리아, 우크라이나 대표로 구성된 상기 위원단 설치가 예정되었다. 이 위원단에게는 선거 실시, 정부의 조직, 군사력의 창설 등을 통제하는 광범위한 권한이 부여된다. 반면 조선에서의 점령군 철거는 기약 없이 연기되고 있다. 그 제안에는 정확한 철군 날짜가 제시되어 있지 않다. 당연히 이러한 결정은 힐드링 장군의 말을 빌리자면 조선에서 오랫동안 "요지부동"하려는 미국 팽창주의자들을 완벽하게 만족시킨다.

투표 개시 전에 소련과 다른 슬라브 국가의 대표들은 정치위원회와 총회가 조선 인민의 대표들로부터 그 입장을 듣지 않았기 때문에 미국의 제안과 그 수정안에 대한 투표에 참여하지 않겠다고 하였다. 우크라이나 대표인 마누일스키는 미국의 제안은 조선에 괴뢰국가를 수립하고 조선을 미국의 군사기지화하는 목적을 가지고 있다고 강조하였고, 우크라이나는 조직 중인 이 위원단에 참여하길 거부한다고 하였다. 그는 이 위원단은 미국에 유리한 정책을 수립하기 위한 것이고 조선 인민에게는 치명적인 것이라고 강조했다.

위원회는 다수결을 통해 미국 대표단에 유리한 결정을 채택하였다.

타스

76

1947년 11월 12일자 서울라디오 방송 기록

KWRB-0112, ЦАМО

쉬띄코프 상장 동지에게

심포니아로부터

1947년 11월 14일

1947년 11월 12일자 서울라디오 방송 기록

라디오는 다음과 같은 정보를 전달하였다. 현재 사할린과 쿠릴열도에는 전쟁 당시 일본군에 강제징집된 조선인 5만 명이 있다. 그 사람들은 현재 매우 어려운 조건에서 가축처럼 생활하고 있으며, 조국으로 돌아가기를 희망하고 있다. 이와 관련해서 러시아 영토에 갇혀 있는 동포들을 구출하기 위한 위원회가 조직되었다. 그 위원회는 곧 사할린과 쿠릴열도에 있는 조선인들의 귀환문제 해결을 소련 정부에 요구할 것이다. 그 조선인들의 상황을 파악하기 위해 사할린과 쿠릴열도에 방문단을 파견할 계획이다. 위원회의 위원장은 리극오이며 부위원장은 유지연과 손이다.

라디오는 과도 정부의 강령과 관련한 민주독립당 중앙위원회의 성명을 전하였다. 그 성명의 내용은 다음과 같다. "이 강령은 조선의 단체들에 대한 미군정의 독재정책의 표현에 지나지 않는다. 이는 조선 인민의 희망에 부합하지 않는 것으로, 반민족적이고 반민주주의적인 것이다. 이 강령은 조선 인민의 분열을 강화하고 국제적 갈등을 초래할 수 있다."

　N. 레베데프

김일성이 연해주군관구 사령관
비류조프Бирюзов 상장 동지에게 보내는 서한

KWRB-0113, ЦАМО

현재 북조선 경찰 총원은 3만 3천 명입니다. 그 가운데 16,382명만 이 60여 종에 달하는 다양한 유형과 체계의 무기로 무장하고 있습니다. 그런데 탄약이 없기 때문에 사격 훈련이 실시되지 못하고 있습니다. (탄약을 배분할 경우 소총 1정에 탄알 3발밖에 되지 않습니다.)

상기한 사실을 고려하여, 귀하께 북조선 경찰 전체의 재무장을 부탁 하고자 합니다. 이를 위해 다음과 같은 양의 무기가 필요합니다.

소총   17,500정

카빈총   1,000정

???

8) 중기관총   118정

김일성이 연해주군관구 사령관 상장 비류조프 동지에게 보내는 쾌속정 구입 신청서

KWRB-0115, ЦАМО

연해주군관구 사령관 상장 비류조프 동지에게

쾌속정이 없어서 해양경찰이 북조선의 해양 경계 보호 임무를 효율적으로 수행할 수 없습니다. 소련에서 쾌속정 50대를 구입하는 데에 협조를 부탁드립니다.

북조선인민위원회 위원장

김일성

1947년 11월

김일성이 연해주군관구 사령관 상장 비류조프 동지에게 보내는 이불 우선공급계약서에 대한 서신

KWRB-0116, ЦАМО

연해주군관구 사령관 상장 비류조프 동지에게

북조선은 경찰과 군대 보급에 필요한 양의 이불과 신발을 생산할 수 없습니다. 그 때문에 1946년 당시 소련 해외 무역공사와 이불 우선공급계약서를 체결하였는데, 아직 이를 수령하지 못하였습니다.

체결된 계약서에 따라 이불의 빠른 선적에 협조해 주시기를 바랍니다.

북조선인민위원회 위원장

김일성

1947년 11월

김일성이 연해주군관구 사령관 상장 비류조프 동지에게 원산 해양학교에 근무할 고문을 파견해달라는 요청서

KWRB-0117, ЦАМО

연해주군관구 사령관 상장 비류조프 동지에게

올해 7월에 귀하의 허락을 받아 원산항에서 해양학교를 설립하였습니다. 그러나 아직도 교육과정을 조직할 수 있는 소련 군사장교 고문이 없습니다. 학교를 위해 해군 장교 4~5명을 파견해 주시기를 부탁드립니다.

북조선인민위원회 위원장
김일성

1947년 11월 22일

김일성이 연해주군관구 사령관 상장 비류조프 동지에게 조선군 장교 소련 유학을 요청하는 서신

KWRB-0118, ЦАМО

연해주군관구 사령관 상장 비류조프 동지에게

조선은 현대적 군대의 지휘관이 될 수 있는 고등교육을 받은 군사 전문가가 없습니다. 따라서 북조선에서 10~15명을 소련으로 파견하여 군사학교에서 공부할 수 있도록 하는 요청을 귀하를 통해서 소비에트 정부 앞으로 전달해 주시기를 바랍니다.

북조선인민위원회 위원장

김일성

1947년 11월 23일

북조선 민족간부학교
제3기 입학생들의 직위 목록

KWRB-0145, ЦАМО

북조선 민족간부학교 제3기 입학생들의 직위목록

I. 북조선인민위원회와 정당 중앙위원회의 일원들

    1. 노동당 중앙위 국장과 노동당 중앙위 교원－3명

    2. 인민위원회 국장－7명

    3. 천도교 중앙위원회 부장－2명

    4. 노조 중앙위원회 위원장－1명

    5. 철도교통국장－2명

    6. 민주주의청년동맹 중앙위원회 국장－1명

    7. 기업합동체와 탄광 사장－3명

II. 도 기관 및 지역위원회 일원들

    1. 도 인민위원회 부위원장－2명

    2. 노동당 지역위원회 부위원장－2명

    3. 도 인민위원회 국장－11명

    4. 노동당 지역위원회 국장－4명

5. 도 판사와 검사 등 법무부 직원—4명

6. 천도교청우당 지역위원회 국장—6명

7. 민주당 국장—5명

8. 민주주의청년동맹 위원장—2명

9. 여성동맹 위원장—3명

10. 시 인민위원회 위원장—2명

11. 도 노조 위원장—2명

12. 도 여성동맹국장—3명

13. 도 신문 편집자—1명

14. 의학 학원장—1명

15. 농민, 노동, 협동 등 조합장—7명

16. 국가은행장—2명

III. 군郡 인사들

1. 군 인민위원회 위원장—11명

2. 노동당 군위원회 위원장—2명

3. 민주당 군위원회 위원장—2명

4. 여성동맹 군위원회 위원장—1명

5. 농민동맹위원장—1명

6. 인민 교육국장—3명

7. 노동자 가운데 선발된 사람들—2명

학교 고문

츠비니듀크Цвинидюк 소좌

1947년 11월 26일

83

11월 26일 자 서울라디오 방송 기록

ⅠKWRB-0146, ЦАМО

11월 26일 자 서울 라디오방송 기록 제23호

11월 25일 민주독립당 중앙위원회 위원 홍명희는 다음과 같은 성명을 발표했다.

"우리 당은 미국 정부와 소비에트 정부의 지원을 받아 민족 통일을 이루고자 한다. 일부 사람들은 현재 남북이 통일을 이룰 가능성이 없다고 선전하며 각 지역의 문제를 해결하는 데 힘써야 한다고 주장한다. 이는 옳지 않다고 생각한다. 우리는 우리의 목표를 달성하기 위해 일본 제국주의에 투쟁했다. 당시 상황은 지금보다 훨씬 더 어려웠다. 해결책이 보이지 않는다고 정당화하며 그릇된 길을 선택해서는 안 된다.

12개 정당의 연석회의가 남북의 저명인사들이 참여하는 회의가 될 수 없더라도 이 회의는 우리 민족의 분열을 심화시키는 것이 아니며, 민족의 정치적 문제들을 해결할 수 있게 도와줄 것이다. 따라서 우리 당은 이 회의에 참여할 것이다.

우리 당은 소련군과 미군이 조선에서 철수해야 한다는 소비에트대표단의 제안을 전적으로 환영하고 지지한다.

우리는 남한 단독정부의 출범을 중국의 경우와 마찬가지로 조선 내에 미국 세력이 강화되는 것으로 판단한다. 우리는 조선의 독립을 위해 계속해서 싸울 것이다."

×××

이 같은 12개 정당 연석회의(13개 정당이라는 정보도 있음)에 관한 성명을 민주독립당 중앙위원회 선전부가 발표했다. 성명은 "조선에 대한 유엔 총회 결정의 목표는 남북이 통일하고 하나의 조선 정부를 수립하는 것이다. 우리는 이 결정을 환영하며 앞으로도 지지해 나갈 것이다"라는 말로 끝난다.

×××

11월 25일 노동당 중앙위원회 선전부는 다음과 같이 밝혔다. "반동주의자들은 소위 150개 단체의 합의라는 것을 앞세우며 13개 정당 연석회의를 폄훼한다. 이는 우리 민족을 분열시키고 미군정의 지원을 받아 남한에 단독정부를 수립하려는 행위이다. 반동주의자들은 남북의 저명한 정치적 인사들이 회동할 수 있는 13개 정당 연석회의를 폄훼한다. 이들은 남북통일 없이는 절대 하나의 조선을 이룩할 수 없으며, 저명한 남북 인사들의 합의 없이는 조선의 독립을 이룰 수 없다는 것을 이해하지 못하거나 이해하지 싫지 않은 것이다. 소비에트와 미국 점령세력은 민족자결권을 인정하는 한 이러한 노력을 방해할 수 없다."

×××

11월 25일 남한의 김규식 입법의회 의장은 입법기관 결정에 근거하여 쌀의 소량 판매 허가 문제와 관련해 군정 사령관, 민정국장, 하지 장군에게 서신을 발송했다. 서신의 내용은 다음과 같다. "800만 명의 시민들과 1,100만 명의 농민들이 소량으로 쌀을 판매하고 싶어 한다. 이에 입법기관은 쌀의 소량 판매를 허가하기로 결정했다. 이 결정에 대해 알려드리며 상기한 바를 조속히 허가해주시기 바란다."

서신에는 쌀 거래 금지로 인해 880만 시민들이 기근을 겪고 있다는 식량분배위원회의 기록이 첨부되었다.

부부장 코르닐로프 소좌
1947년 11월 26일

84

북조선에서의 화폐 교환 과정에 대한 보고서

KWRB-0122, ЦАМО

북조선에서의 화폐 교환 과정에 대한 보고서

쉬띄코프 상장 · 샤닌 소장 · 레베데프 소장 동지에게

다섯째 날의 화폐 교환은 질서 있게 진행되었고, 교환소가 주어진 임무를 성공적으로 완수했음을 보여주었다.

전과 같이 이날도 교환소에 온 사람이 많았고 400명에 달하는 줄이 생기기도 했다. 이전에 비해 큰 상인, 기업가와 신부들이 교환소에 훨씬 더 많이 왔다. 이런 인물들은 이전에는 주로 한 두 사람씩 적은 금액만 소지하고 왔으나, 12월 10일에는 큰 금액을 반납하러 교환소에 단체로 오는 경우가 많이 있었다.

12월 10일 황해도 재령군Сейней 교환소에는 190명의 상인 및 기업가들이 와 53,387원의 금액을 교환했고, 6,307,266원을 예금으로 반납했다. 또한 같은 교환소에 개신교, 천주교, 불교 대표자 12인이 와 12,343원을 교환하고 6,799,618원을 예금으로 반납했다.

강원도 회양 군에서는 신부가 교환 금액 이외에 27,700원을 예금으로 반납했다. 그리고 강원도에서 큰 상인들이 예금으로 200,000원의

금액을 반납한다는 경우도 있었다.

상인, 기업가, 신부들은 대기기간이 끝나고 국가에 대한 각종 세금을 모두 갚은 후, 이전보다 더 큰 금액을 가지고 교환소에 오기 시작한다. 우리는 남은 기간 동안 대부분의 화폐 교환이 상기한 계층의 사람들에 의해 진행될 것이라고 예측하고 있다.

예비자료에 따르면, 황해도에서는 화폐의 교환이 12월 11일에 완료될 예정이다. 여기서는 이미 화폐 교환에 참여한 인구가 85%이며, 1947년 12월 10일 현재 교환된 금액은 225,496,000원이다. 예금으로 수령한 금액은 115,241,000원이다. 총 교환된 금액의 합계는 340,737,000원 이다.

교환 개시 후 3일간 화폐 교환의 과정은 다음과 같이 진행되었다.

도	온 사람(명)	교환 금액	예금으로 수령	교환 총액
평안남도	197,040	126,496,000	73,150,000	199,619,000
황해도	111,905	83,778,000	72,106,000 ·	155,884,000
함경남도	60,599	40,616,000	4,213,000	47,829,000
함경북도	95,753	60,444,000	23,384,000	83,828,000
평안북도	59,803	52,621,000	45,265,000	97,886,000
강원도	101,677	59,876,000	12,671,000	72,574,000
합계	626,777	423,804,000	233,789,000	657,593,000

교환 개시 후 3일간 화폐 교환의 과정을 사회 계층별로 분석하면 다음과 같다.

사회 계층	온 사람	교환 금액	예금으로 수령	교환 총액
인원수 10인 이상인 사기업	3,654	5,540,000	12,265,000	17,805,000
인원수가 10명 이하인 사기업	37,379	29,443,000	25,377,000	55,800,000
수공업자와 상인				

사회 계층	온 사람	교환 금액	예금으로 수령	교환 총액
노동자와 사무원	137,487	108,397,000	29,332,000	137,730,000
연금 수령자	557	347,000	2,000	349,000
농민 가정	290,736	210,517,000	115,286,000	325,804,000
학생	5,865	4,237,000	1,660,000	5,897,000
종교 단체, 수도원과 교회	816	588,000	8,475,000	9,163,000
기타	150,283	65,672,000	39,459,000	105,021,000
합계	626,777	423,804,000	233,789,000	657,593,000

12월 10일의 시장에서의 사적 상업활동의 규모는 12월 9일과 비교하여 약간 감소하였다. 개인 상점들, 점포들은 열지 않았다. 평양, 함흥과 신의주의 시장에서는 곡물이 나오지 않았다. 나머지 지역에서는 곡물이 제한된 규모로 나왔다. 시장에서는 주로 담배, 신선한 생선, 성냥과 고무신 등이 판매되고 있었다. 평양의 시장에서는 물물교환의 경우가 몇 발견되었으며 쌀 1말 (7.5 킬로그램)이 고무신 2켤레로 교환되었다. 평안남도 개천 군에서는 쌀 10말이 소 1마리로 교환된다. 이런 경우는 그 지역에 국한되었다. 개인 상인들은 가격에 대해서 아직 잘 이해하지 못하여 국영 상업의 가격을 지켜보며 장사를 시작하지 않고 있다. 12월 10일에는 국영 상업과 소비자협동조합의 상점들이 장사를 시작했다. 상인들은 가격을 확인하기 위해서 상점으로 달려갔다. 국정 가격을 평가하면서 상인들은 다음과 같이 말하고 있다. "이 가격을 보니 상품을 가진 사람들은 다시 먹고살 만할 것이다." 노동 계급의 시민들은 국영 상업과 소비자협동조합 상점에서의 가격이 올랐다는 의견을 보인다. 국영 상점 영업 첫날에는 상품을 구입하는 사람이 거의 없었다. 사람들은 가격이 내리는 것을 기다리고 있다.

국영 상업, 소비자협동조합의 가격 공개와 함께 시장 가격은 12월 8일, 9일에 비하여 많이 올랐다. 쌀의 가격은 3말당 300원까지 올랐다.

12월 10일에 시장에서의 평균 물가는 다음과 같다.

상품의 명칭	1947년 12월 1일의 가격	1947년 12월 8일의 가격	1947년 12월 9일의 가격	1947년 12월 10일의 가격
쌀	98	14	19	32
계란	90	7,5	23	30
비누	86	43	8	9
담배	35	1,3	2,6	7
성냥	5	0,9	1	1

국영 상업과 소비자협동조합에서의 가격 공개와 함께 시장에서의 가격은 안정적으로 형성될 것이며 상업은 더 큰 규모로 발전할 것이다.

대상인과 투기꾼들 일부는 단일정부가 아직 세워지지 않았다는 점과 관련하여 새로운 화폐에 대한 불신을 계속 표시한다. 그리고 그들은 다음과 같은 소문을 퍼뜨린다. "곧 국제연합 위원회가 올 것이고 모든 것이 바뀔 것이다." "이 개혁은 두 달 이상 지속되지 못할 것이고 국제연합 총회에서 폐지될 것이다. 이는 북조선에서 일시적인 현상일 것이고 헛된 시간 낭비다." "기뻐하지 마라, 저들은 예금을 당신에게 돌려주지 않을 것이고 새로운 돈도 오래 유통되지 못할 것이다."

일부 상인들로부터 나오는 이러한 발언은 시간이 갈수록 줄어들고 있다는 것을 언급하고자 한다.

반동분자들의 행위는 이전과 같다. 공공연한 대규모 시위는 진행되지 않고 있다.

'천도교청우당' 같은 어떤 단체들은 개인들로부터 큰 금액을 받아서 단체 명의로 반납하려고 하는 경우가 있다. 예를 들면, '천도교청우당'의 지역위원회는 1947년 12월 8일에 교환을 위해서 은행으로 750,000원을 가져왔지만, 출납 장부에 따르면 12월 4일 현재 17,000원밖에 등록되어 있지 않았다. 민주당 북평양 위원회는 1947년 12월 8일에 1,500,000원을 은행에 반납했지만 그 금고에는 12월 4일 현재 18,000원 밖에 없는 것으로 되어있었다. 진남포 시 '천도교청우당'의 시 위원회는 12월 8일에 5,000,000원을 반납했지만 교환 전에 이런 금액을 보유한 바가 없었다. 이 단체의 지도자들은 경고를 받았고 검찰국은 이 사실에 대한 조사를 진행하고 있다.

소련 북조선민정청장 대행
육군대좌 이그나티예프

3부 발송.
1번 사본. 쉬띠코프에게.
2번 사본. 샤닌, 레베데프에게.
3번 사본. 업무.
1947년 12월 11일
제340호

85

몰로토프가 스탈린에게 보내는 서신

KWRB-0119, АПРФ

귀하의 지시에 따라 븨쉰스키에게 보낼 조선 문제 관련 전신의 초안을 작성하였습니다.

승인을 요청합니다.

몰로토프 보냄.

1947년 10월 23일

뉴욕, 븨쉰스키Вышинский에게.

1. 조선 문제는 이미 총회 일정에 포함되어있기에, 우리는 그 문제를 총회 일정에서 제외할 것을 제안하는 것은 옳지 못하다고 생각한다.

2. 정치위원회에서의 조선에 대한 미국 결의안 논의 시 귀하는 처음부터 아래의 논제들에 의거하여 발언하여야 한다.

    ⓐ 소련 정부는 과거나 지금이나 조선에 대한 문제는 1945년 모스크바회의 결정에 근거하여 해결할 수 있다고 생각한다.

    ⓑ 그러나 미국 정부는 모종의 이유로 인해 이 문제에 대한 합의

를 원하지 않고 있으며, 이에 대해 소련 정부는 조선의 독립 민주국가로의 변화를 촉진할 목적으로 1948년 초에 조선으로부터 미국과 소련의 군대를 동시에 철수시키고 조선인들 스스로 조선 정부를 구성할 가능성을 줄 것을 제안하였다.

ⓒ 소련 대표단은 추가적인 안건을 제시한다. 이는 미국과 소련 측 군대를 1948년 초에 동시에 철수시킴으로써 조선인들 스스로 조선 자주정부를 구성할 가능성을 제공하는 것이다. 이러한 소련 측 제안은 한국 문제에 대해 보다 (해독불가) 옳은 결정을 포함하므로, 정치위원회에서 첫 번째 순서로, 즉 미국 측 결의안보다 먼저 논의되어야 함을 주장한다.

3. 귀하는 조선 문제 관련 정치위원회에서의 논의에 남북조선 인민 대표자들이 초대되어야 한다고 제안해야 한다. 위원회에서 귀하는 초대되는 이들이 외국군대에 의해 선출된 사람이 아닌, 남북조선에서 인민들에 의해 선출된 진정한 조선 인민의 대표자들이어야 한다고 설명해야 한다.

4. 만약 정치위원회가 미국 측의 결의안을 논의하게 될 경우에도, 조선에서의 외국군 철수시기를 결정해야 함을 강조해야 한다. 만약 우리가 철수시기로 제안하는 1948년 초가 거절당한다면 1948년 중순 혹은 말로라도 정해야 할 것이다.

스탈린이 김일성에게 보내는 답신

KWRB-0120, АПРФ

평양, 조선민주주의인민공화국 내각 수상 김일성 각하께

전보 (1948년 10월 13일 01시 28분 발신)

조선민주주의인민공화국 정부가 자국에서의 직무 수행을 개시하였음을 알리고 소련과의 외교 관계를 수립, 상호 대사파견 및 그에 상응하는 경제 관계를 수립할 것을 제안하는 귀하의 10월 8일 자 편지를 수령하였음을 알립니다.

조선 인민의 단일 독립 국가 건립에 대한 권리를 변함없이 지지해온 소련 정부는 조선 정부의 설립을 환영하는 바이며, 조선 인민들의 번영과 발전을 기원합니다. 소련 정부는 조선민주주의인민공화국과 소비에트사회주의공화국연방 간의 외교 관계를 수립하고 대사를 파견할 준비가 되어있으며, 아울러 그에 상응하는 경제 관계 수립에 대해서도 준비가 되어있음을 밝힙니다.

소비에트사회주의공화국연방 내각회의 수상

I. 스탈린

1948년 10월 12일.

북조선 국방성 구성 제안

KWRB-0129, ЦАМО

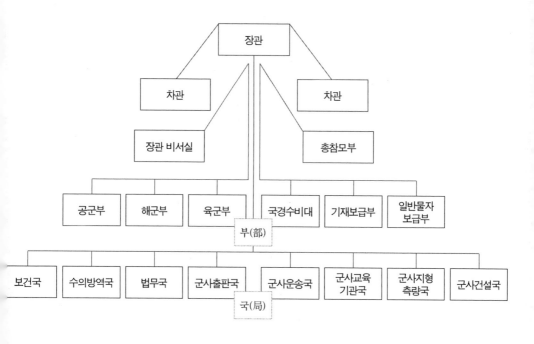

88

김일성이 레베데프 동지에게 보내는 서신

KWRB-0130, АВПРФ

북조선 주둔 소련군 부사령관 레베데프 소장 동지에게

기밀

사본 없음

북조선인민위원회는 소련 과학 기술의 성취 및 경제의 각 분야에서의 그 적용방안에 대한 학습을 위하여 아래의 조선인 전문가들을 소련으로 파견하는 것에 대하여 소련 정부에 요청해줄 것을 귀하에게 부탁합니다.

1. 계획
   ⓐ 인민경제계획 전문가—2명
2. 석탄 공업
   ⓐ 석탄 발굴 전문가—1명
   ⓑ 탄전 탐사 및 방향 확인 전문가—1명
3. 흑색야금
   ⓐ 공작기계제작 기술자—2명

ⓑ 야금학 기술자-1명

4. 화학 공업

　　ⓐ 폭발물 (화약, 티엔티) 및 인공 비료 화학 기술자-1명

　　ⓑ 도료 생산 기술 전문가-1명

5. 유색야금

　　ⓐ 지질탐사 광산 기사-1명

　　ⓑ 광석발굴 조직 전문가-1명

　　ⓒ 생산기술 전문가-1명

6. 전기 기사-1명

7. 경공업

　　ⓐ 섬유 생산 전문 기사-1명

　　ⓑ 인조섬유 생산 전문가-1명

　　ⓒ 셀룰로스물 생산 및 제지 전문가-1명

　　ⓓ 고무제품 생산 기술 전문가-1명

　　ⓔ 합성고무 생산 기술 전문가-1명

8. 도시 경영

　　ⓐ 도시 경영 및 도시 건설 전문가-1명

　　ⓑ 고품질 시멘트와 건축재료 생산 기술 기사-1명

9. 철도 교통

　　ⓐ 철도 기사-1명

　　ⓑ 철도 수리 기사-1명

　　ⓒ 견인 장치 운영 전문가-1명

10. 국가 및 협동 무역 전문가-1명

11. 농업

    ⓐ 면 및 양잠 전문가―1명

    ⓑ 축산 전문가―1명

    ⓒ 토지 개량 및 관개 전문가―1명

    ⓓ 협동농업 조직 전문가―1명

12. 통신 조직 전문가―1명

13. 어업 생산물 가공 기술자―1명

14. 소형 근해항행선박 건조 전문가―1명

총 : ‥‥‥‥‥명

북조선인민위원회 위원장 김일성

89

노동당 제1차 전원회의에 대한 보고서

KWRB-0134, ЦАМО

노동당 중앙위원회 제1차 전원회의에 대한 보고서

3월 31일 노동당 중앙위원회 제1차 전원회의가 진행되었다. 전원회의에서 다음과 같이 중앙위원회 정치위원회 위원 7명이 선출되었다.

김두봉, 김일성, 주영하, 허가이, 김책, 최창익, 박일우

중앙위원회 위원으로는 다음의 15명이 선출되었다.

김두봉, 김일성, 주영하, 허가이, 김책, 최창익, 박일우, 김일, 박정애, 박창옥, 진반수, 기석복, 김재욱, 정일룡, 정준택

중앙검열위원회 위원에는 다음의 7명이 선출되었다.

허가이(위원장), 장순명(부위원장), 장해우, 장철, 이종익, 방학세, 김고민

전원회의는 김두봉을 당 위원장으로 선출하였고, 부위원장에는 김일성과 주영하를 선출하였다. 검사위원회 위원장에는 이주연이 선출되었고 책임비서에는 양영순이 선출되었다.

전원회의는 중앙위원회 각부의 부장들을 다음과 같이 선출하였다.

조직교육부장 허가이, 선전부장 박창옥, 간부부장 진반수, 노동부장 박영성, 농민부장 리유민, 재정경리부장 김교영

당 중앙기관지 주필로는 기석복이 선출되었고 당중앙위원회 직속 당학교장에는 김승화가 선출되었다.

북조선 주재 소련민정청 현지주민사업국장
스쿠츠키^{Скуцкий} 대좌

4부로 작성되었음.
제1~2부는 제25군 7국으로 보냄.
제4부는 보관용.
집행자 : 싀르바쵸프^{Сырвачев}

90

조선민주주의인민공화국의 임시 헌법의 초안에 대한 제안과 결론

KWRB-0135, РГАСПИ

소비에트 연방 외무부 차관 말리크 동지에게

4월 23일

조선민주주의인민공화국의 임시 헌법 초안에 대하여 제시된 지적 사항들과 결론을 전달해드립니다.

첨부 : 내용과 같음

공산당 중앙위원회 부국장 L. 바라노프

조선민주주의인민공화국 임시헌법 초안에 대하여

기밀

제안과 결론

제안

1. 헌법 및 조선 민주주의정부가 임시헌법 및 임시정부로 불리는 이유에 대한 설명이 없다

2. 제2조는 소비에트 군대가 일본제국을 격파하여 조선 인민을 일본의 멍에로부터 해방시켜 북조선에서의 인민위원회 조직을 위한 조건을 마련해주었다는 점에서 1945년 8월 15일이라는 날짜의 의미를 강조하도록 교정할 것.

3. 토지 사유제를 설정하는 제5조, 제6조는 토지개혁에 의해 농민들에게 주어진 땅이 판매되거나 임대될 수 없다는 토지개혁법의 제10조에 어긋난다.

4. 토지개혁이 실시되어 있지 않은 지역(남한)에서 북조선의 토지법에 따라 토지개혁을 실시해야 한다는 제7조는 과도조항으로 옮기며, 북조선 토지법 조항 대신 해당 헌법의 적당한 조항을 언급할 것.

5. 국가의 인민민주주의적인 성격을 반영하는 국가구조의 사회적, 정치적, 경제적 근본원칙을 더욱 정확하게 정의하도록 제 1조를 근본적으로 교정할 것.

이 헌법 초안에는 국가의 경제적인 기반이 정의되어 있지 않으며, 국가의 주요 기둥이라 할 수 있는 전인민적 소유권의 우선성이 언급되지

않았다.

이 헌법은 사유재산에 대한 국가의 입장이나, 사유재산에 대한 제한, 몰수, 국유화 등 국가의 인민민민주주의적 성격에 기인하는 권한을 정의하지 않고 있다. 게다가 "사유재산과 함께 국가 및 협동조합의 토지 소유권도 허락된다"는 제6조의 표현은 기본적으로 민주국가 건설에서 전인민적 소유권의 중요성을 낮춘다.

제10조는 국가가 인민경제계획을 수행함에 있어 의존하는 경제기관들에 대해서만 언급하고 있다. 헌법이 민주 국가의 건설에 있어서 전문적, 사회적 기관들의 역할을 반영하는 것은 대단히 중요하다. 국가가 인민경제적 기획을 수행할 때 이 기관에 의존한다는 점을 언급해야 한다.

6. 이 헌법은 노동을 근본적인 사회경제적 요인으로서 다루지 않는다. 제6조는 노동하는 농민 계급의 이득에 대해서만 간주하며 다른 노동계급들에 대한 국가의 보호나 이들에 대하여 국가가 사회경제적 정책을 통해 제공할 수 있는 원조를 포함하지 않는다. 헌법은 국가에 의한 그러한 보호에 대해 언급해야 한다. 왜냐하면 현 단계에서 국가는 모든 이들에게 노동에 대한 권리를 보장하지 못하기 때문이다.

7. 제13조는 조선 인민이 민주정당, 협회 등 단체를 조직하고 그 업무에 참여할 수 있는 권리를 확립한다. '민주정당'이라는 개념을 논함에 있어 그 정당의 구조가 헌법에 의해 정의되는 국가 및 사회질서에 반하지 않아야 한다는 것을 정확히 명시해야 한다. 이에 따라, 인민이 쟁취하여 헌법이 보장하는 법과 자유에 반대, 투쟁할 목적을 가지는 단체의 설립은 법적으로 금지된다.

8. 제14조는 국가와 교회를 분리시키며, 종교 단체들이 '교회와 종교

를 정치적인 목적으로 남용하는 것을' 금지한다. 이러한 조항은 민주주의민족전선의 현재 행동에 대치된다. 민주주의민족전선의 일부이며 민주주의를 위해 투쟁하는 가장 영향력 있는 정당 중 하나인 '천도교청우당'이 천도교에 기반하여 설립된 것임을 고려하였을 때, 이 조항은 바람직하지 못한 결과를 불러올 수 있다. 위 정당의 강령은 민주주의적인 개혁에 대한 요구와 함께 종교적 요구도 포함한다.

9. 언론의 자유, 출판의 자유, 집회의 자유와 남녀평등권에 대한 제13조와 제22조는 이 권리들이 어떤 수단으로 보장되는 것인지를 언급하지 않는다. 이러한 조항들은 스탈린 동지가 지적한 대로 인민의 권리를 오직 형식적으로만 선언한다는 점에서 부르주아적 헌법의 유사 조항이나 다름없는 것이다.

10. 제30조는 "모든 시민들이 노동해야 한다는" 것을 지적한다. 이런 표현은 시민들의 노동에 대한 권리의 보장으로 해석될 수 있지만, 잘 알려진 바와 같이 현재 조선경제의 상태는 이러한 권리의 선포를 방해하고 있다.

11. 49조 7항에서는 최고인민위원회가 훈장 및 명예 칭호를 수여할 권리가 언급되었으나, 훈장과 명예 칭호를 제정하는 권리에 대한 언급은 어디에도 없다.

결론

조선민주주의인민공화국의 임시헌법 초안의 주요 단점은 현존하는 사회경제적 관계와 조선에서의 인민민주주의의 발전 단계를 불충분하게 혹은 잘못 반영하고 있다는 것이다.

대부분 조항의 편집은 만족스럽지 못하다. 헌법의 조항 사이에는 명확한 관계성이나 헌법의 주요 문제와 관련한 논술에서 일관성이 없다. 예를 들면, 제6조와 제8조가 토지문제를 동일 국면에서 고찰하고 있다.

노동관계는 제15조와 제30조에서 반영되어 있지만, 그중 어느 조항에서도 완전하고 명확하게 조명되고 있지 않다. 민주주의민족전선 하에 통합된 대규모 정당과 단체들로서 나타나는 조선인민의 정치적 활동성은 헌법에 전혀 반영되지 않았다.

초안(특히 제1, 제2조)은 전체적으로 북조선 국가 구성의 정치, 경제적인 기반을 더 정확하게 정의하도록 교정이 필요하다. 국가에서의 내정현황과 경제 상황, 그리고 동유럽 인민민주주의 국가들의 헌법 작성 경험을 고려해야 한다.

헌법의 초안은 교정 후 재차 검토하는 것이 합리적이다.

1948년 4월 __일

III. 중국

한국대외관계 1

KWCB-0006, 中央研究院 近代史研究所

쑹즈원(宋子文) 장관이 보내온 전보문

미국에서 활동하는 한국 교민은 2개 계파가 있습니다.

1. 이승만계는 미국이 즉각 김구의 임시정부를 승인해줄 것을 희망하고 있습니다. 그 목적은

갑. 우방의 동정과 원조를 얻기 위해서입니다.

을. 한국인들의 옹호를 얻기 위해서입니다.

병. 임시정부의 독자적인 지위를 유지하기 위해서입니다.

이승만의 말에 따르면, 김약산, 한길수는 좌익 성향이 있기 때문에 각 우방국에서 임시정부를 우선 승인해주어야 김약산, 한길수가 소련의 세력으로 공산정부를 성립하는 것을 피면할 수 있습니다.

2. 한길수계의 주장은 한국인들은 우선 항일에 참가하여 우방국들과 공동으로 적을 무찌르는데 전력해야 하며 임시정부를 승인하는 문제는 그때 가서 논할 문제라는 입장입니다.

미국정보부의 의견에 따르면, 한길수계는 암암리에 활동에 매우 진력합니다. 이승만계보다 활용 가치가 높습니다. 그러나 이승만파보다

온건하지 않으며 호락호락하지 않습니다. 한국의 정치적 문제에 관하여 가장 좋게는 중국이 관할하는 것으로, 이는 한국인들의 희망이기도 합니다. 구체적으로는 중국에서 한국인들을 훈련시켜 본국에 보내 파괴활동을 하게 하고, 때가 되면 중국과 미국이 반격하는 것입니다.

미국 측에서 충칭에 파견한 게일Gale군은 한국인들을 훈련하고 조선 문제를 연구하는 사명을 갖고 있습니다.

각 측의 의견을 종합해 보면 아래 몇 가지를 벗어나지 않습니다.

① 한국인들을 동원하여 항일하고 비밀공작을 하게 하는 것입니다.

② 한국정부를 승인하는 것입니다.

이 두 가지 문제를 동시에 결정하는 것은 아닙니다. 만약 이 두 개 계파를 연합시켜 하나의 정부에서 공동으로 적에 대항할 수 있다면, 그것이 최선이며 타국에서 이용하는 것을 막을 수 있습니다.

앞으로 수시로 연락드리겠습니다. [위의 내용은] 참고로 보고 드리는 것입니다. 그리고 이승만의 말에 따르면, 한국 의용군이 우리나라에 의해 이미 해산되었다고 합니다. 사실인지 알려주십시오.

02
한국대외관계 2

KWCB-0007, 中央研究院 近代史研究所

외교부 푸(빙창傅秉常), 첸(푸첸復錢)차관 열람 바랍니다.

쑹즈원 장관께서 9월 16일 보내 온 전보문에 의하면, 조선문제에 관해서는 중국 정부의 영도 하에서 조선항일군대를 조직하여 게릴라 활동지역에서 이들을 활용하고 무기는 연합국에서 제공하기로 합니다. 각 당파가 가장 좋게는 통일적인 의무를 갖고 연합하여 항일투쟁을 하기로 합니다. 루스벨트 대통령은 조선 독립 문제를 승인하는 것에 대해 원래는 인도 문제가 완전히 해결되는 동시에 선포하려고 하였는데, 현재 인도 문제가 암초에 부딪친 상태이고, 일본이 창궐한 이 시기에 단독으로 조선독립 승인문제를 제안하면 현실에 맞지 않습니다.

총통의 뜻은 잠시 이 문제를 쑹즈원에게 맡겨 수시로 기회를 엿보아 우리 측이 승인할 적절한 시기가 왔다고 인정될 때 다시 논의하기로 하자는 겁니다.

이 일은 이미 이번 달 6일 국방 최고위원회 상임회의에서 논의하여 왕량처우王亮疇 비서관에게 적어도 미국과 한차례 상의를 해야 한다고 하였습니다. 사전에 통지하여야 이 일로 나중에 문제가 생기지 않기 때

문입니다. 쑹 장관이 전달하는 루스벨트 대통령의 의견에 따라 착수해
야 합니다. 검토한 후 답변을 주십시오.

중정
4월 22일 侍秘

03

군위회의 한국광복군 점검

KWCB-0146, 中國國民黨文化傳播委員會黨史館

군사위원회가 한국광복군을 점검하다

장소 충칭

일시 32년 5월 3일

군사위원회가 한국광복군을 점검하다.

한국광복군이 군사위원회에 예속된 지 오늘로 만 일 년이 되어, 군사위원회가 그 군대 내부를 정돈하고 장래 방침을 확립하고자 점검단을 현시점 부로 구성하여 실제 점검 업무를 수행하도록 하였다. 점검단은 두 개의 조직으로 나뉘는데, 각 조에는 3명 정도 있다. 점검 인원은 군사위원회 판공청, 군사위원회 통계국, 중앙통계국, 광복군 총사령부 등의 기관에서 파견한 인원으로 구성된다.

제2조가 맡은 점검
영안, 상요 등 각 지역에 머무르며 공작 중인 광복군

제1조가 맡은 점검

시안, 뤄양, 정저우, 리황, 옛 하구 등 각 지역에 머무르며 공작 중인 광복군

이번 달 초에 광복군 점검을 시작함.

총사령부는 즉시 분부한다. 점검을 완료하고 각자 각지에서 출발한다.

광복군 내 지금 실제 인원은 120여 명이므로 사람을 보내 점검을 하지 않아도 된다. 또한 군사당국은 이에 대해 손바닥 들여다보듯 명확하게 알고 있다. 이러한 철저한 점검은 한국인들의 상당한 불만을 야기할 수 있으며, 특히 김약산 같은 이는 더 심각할 수 있다. 김약산이 관할하는 제1지대 대부분의 대원들은 화북의 피점령지역에 흩어져 공작을 하고 있으며, 이번 점검을 받는데 참가하는 대원은 많아야 50~60명을 넘지 않는다. 이로 인해 중국 당국이 김약산 세력에게 영향을 주기가 아주 쉬워졌다. 이 점검에 대한 독립당의 관점은 '중국 측이 한국 측의 잘못을 캐내려 한다는 것'이라고 볼 수 있다.

우리 군사당국이 광복군을 점검하는 몇몇 목적이 있다:

각 대원의 사상과 지향, 능력, 체력을 심사하여 이로써 장래 공작 파견의 근간으로 삼는다.

한국인들의 광복군에 대한 지나친 과대평가를 억제한다.

투항한 한국인이 적에게 이용당하여 광복군에 섞여 들어와 간첩 활동을 하는 것을 방지한다. (최근 일본은 간첩 4개 조를 훈련시켜 중국 해방구에 파견하여 간첩 활동을 하며, 앞서 웨양, 이창에서 2개 조를 잡았고, 기타 2개 조는 소재를 알지 못하여 수배 중이다.)

04

카이로 회의 공보 전문

KWCB-0147, 中國國民黨文化傳播委員會黨史館

카이로 회의 공보 전문

　카이로 회의는 처칠의 제안 하에 이루어진 영국과 미국의 군사회의
였다. 그러나 중화민국 32년 10월 31일 루스벨트가 장개석 위원장에게
전보를 보내 11월 22일 전까지 카이로에 도착하여 회의에 참가할 것을
제안했다. 따라서 카이로 회의는 중, 미, 영 삼거두가 참가하는 회의로
변하였다. 이러한 사실을 사전에 알리지 않았던 관계로 처칠은 무척 경
악했다고 한다. 그런 이유에서 카이로 회의는 루스벨트 대통령이 적극
적으로 추진한 것이라고 볼 수 있다. 11월 12일 루스벨트는 전임 육군
부장 헐리를 개인대표 자격으로 충칭에 파견해 장개석 위원장에게 카
이로 회의의 의미를 설명해주었다. 18일, 장개석 위원장은 부인과 왕충
후이, 저우즈러우, 둥셴광 등과 함께 충칭을 떠나 21일 카이로에 도착
했다. 23일, 루스벨트 대통령, 처칠 수상, 장개석 위원장은 제1차 카이
로 회의를 가졌다. 회의에서 군사문제 이외에도 카이로 선언을 발표할
것을 결정하였고 전후 문제의 처리방침에 대해 선포하였다.

　카이로 선언의 주요 내용은 아래와 같다. 중, 미, 영 삼국은 일본의 침

략을 제재하고 응징하는데 동의한다. 일본은 중국에서 **빼앗았던** 동북과 대만을 중국에 반환한다. 삼국은 일정한 시기에 조선에 독립 지위를 부여할 것에 동의한다. 삼국 대표가 선언의 내용을 토론할 때 영국은 조선 문제를 제기하지 말 것을 주장했다. 그러나 우리나라 대표의 적극적인 주장 하에 미국 대표의 지지를 얻어 최종에는 영국도 이의를 제기하지 않게 되었다.

카이로 회의 공보문은 민국 32년 12월 3일 정식 발표되었다. 구체적인 내용은 아래와 같다.

루스벨트 대통령, 장 위원장, 처칠 수상은 각국의 군사외교 고문과 함께 북아프리카에서 회의를 가지고 아래와 같은 성명을 발표했다.

삼국의 군사 요원들은 금후의 대 일본 작전계획에 대해서 일치한 견해를 가졌다. 우리 삼국 동맹국은 해상과 공중 등 여러 측면에서 잔혹한 적에 대해서 강력한 압박을 행사할 것을 결심했다. 이러한 동맹국의 역량은 점차 증강 추세에 있다.

우리 삼국 동맹국이 전쟁을 진행하는 목적은 일본의 침략을 제지하고 응징하기 위한 것이다. 삼국은 사적 이익을 도모하지 않을 것이며 영토를 확장할 의도가 없다. 삼국의 최종의지는 아래와 같다. 1914년 1차 세계대전 이후부터 일본이 태평양에서 점령했던 모든 도서와 중국의 영토, 동북 4성, 대만, 평후제도 등을 중화민국에 반환한다. 기타 일본이 무력 혹은 탐욕으로 탈취했던 토지에 대해서도 반환하고 국경에서 몰아낸다. 우리 삼국 동맹국은 조선 인민이 수난당했던 고통을 헤아려 합당한 시기에 조선에 자유와 독립을 부여하기로 결정한다.

이상 합의한 각항 목표는 대일 작전에 참가하는 기타 연합국의 목표와 일치하다. 우리 삼대 동맹국은 일본의 무조건 항복을 받아내기 위해서 중대하고 장기적인 전쟁을 함께 수행할 것을 결심한다.

장개석 총재와 영국, 미국 등 국가 인사들의 한국 독립에 관한 언론 발췌문

KWCB-0148, 中國國民黨文化傳播委員會黨史館

장개석 총재

"개인적 입장에서 말하면 전후 한국은 마땅히 독립하여야 한다는 것이 중국 정부에서 결정한 정책이다."

― 1943년 8월 5일 한국 선전부장 김규식이 미국 한교(韓僑)에게 한 방송 연설문

"고통에 빠진 아시아 국가들에 대해 무한한 동정을 표한다. 단 이런 국가들의 자유와 평등에 대해서 우리는 책임만 있을 뿐 권리는 없다."

― 31년 11월 17일 뉴욕 트리뷴(New York Tribune) 시사 좌담회 논문

쑹즈원 외교부장

"중국은 일본이 전쟁 패배 후 동북과 대만을 중국에 반환하기를 희망한다. 아울러 중국은 한국이 독립 국가가 되기를 희망한다. 중국은 이번 전쟁에서 영토 야심이 절대 없다."

― 1943년 7월 4일 런던 언론계 담화

미국 하원 의원 오브라이언烏伯陵*

"즉시 한국 승인을 주장"

— 1943년 4월 5일 하원 외교위원회Committee on Foreign Affairs에 제안

태평양 관련 제4장 조선 부분

"전후 한국의 앞날에 대해 중소 양국의 양해가 없이는 안 될 것 같다. 이 외에도 중국은 반드시 간도(현재 1개 반(半)독립 '성(省)'을 준비하고 있다)를 한국에 할양할 것을 고려해야 한다. 이 지역의 인구 중에 한국인은 3 대 1의 비례로 중국인보다 많다. 그리고 할양한 후 반드시 두 나라에 살고 있는 소수민족의 권리 보장을 목적으로 하는 중한협정을 체결해야 한다."

"정치적인 측면에서 볼 때 30여 년간 일본이 조선을 통치한 결과 한국인은 행정 경험이 부족하다. 따라서 과도 기간에 국제간에 공동으로 한국 민정기구를 선출하고 태평양위원회에서 한 분의 고급 전문 요원을 임명하여 담당하게 하며 한국에 국방 원조를 한다."

— 1942년 11월 13일 위중보(渝中报) 연합판(聯合版)

태평양전쟁 이후 건설에 관한 초안, 한국 문제에 관하여

한국의 자유를 쟁취하는 인민에 대해 마땅히 원조하여야 한다. 육군 방면에서는 미선기대美鮮機隊를 조직하고 중국이 차용한 물자 중에서 한

---

* 역자 주—O'brien이라는 이름의 의원이 당시 3명(Thomas J., George D., Joseph J.) 확인되나, 이 중 정확히 누구인지는 언급되지 않음.

작은 부분을 중국 군대에서 싸운 한국 부대에 빌려준다.

반드시 어떤 방식을 찾아서 한국이 명백히 자유와 독립할 권리가 있음을 허락해야 한다.

—국제선전처(國際宣傳處) 편집원

영국 글래스고 가디언 Glasgow Guardian **금년 8월 5일 사론**社論

"중국이 원하는 것은 한국의 독립이다."

—금년 8월 7일 위(渝)〔중경〕 대공보(大公報)

지서프吉瑟俌 **미국 생활, 시대 및 행복 3대 잡지 편집장**

"전후 한국 문제는 태평양회의에서 처리한다."

—태평양 관계를 참조.

시카고 선타임스 Chicago Sun Times **금년 4월 20일 사론**

"한국 독립 전에는 국제 감호監護 하에 둠"

—금년 4월 29일 경도자유서보(慶度自由西報) 참조.

페퍼裵斐, Nathaniel Peffer **선생**(미국 컬럼비아대학교 교수)

"우리는 전쟁이 승리한 이후 당연히 일본인들이 중국에서 퇴출하고, 만주에서 퇴출하고, 몽고와 고려에서 퇴출하도록 강요할 것이다."

—Happero Magazine 미국이 극동에서 취할 방책 전문(專文)

프레셔佛英撤, Wilfrid Fleisher **전쟁 전 뉴욕 헤럴드 트리뷴**New York Herald Tribune **도쿄 기자**

"극동 전쟁 이후의 국면, 결론 제2항 주장—'한국 독립'"

—31년 5월 28일 트리뷴(論壇報)에 발표

옌루스顔露示 **전 미국 아세아함대 사령관, 클라크대학교 졸업식 연설**

"피점령 국가는 모두 반드시 [주권을] 회복하여야 한다. 만주와 대만은 마땅히 중국에 반환하여야 하며 조선은 독립하도록 허용해야 한다."

—31년 5월 27일 위중보(渝中报) 연합판(聯合版)

"장래 대전이 끝난 이후에는 과거 일본이 무력을 이용하여 취득한 식민지는 마땅히 일률적으로 일본의 질곡에서 벗어나야 한다. 한국은 독립해야 한다."

—31년 4월 5일 중국 인민에게 고하는 글

영국 부총리는 하원에서 말하기를

한국 독립은 반드시 동맹국에서 의논해야 한다.

(런던 9일 [전電]) 애틀리何特里*, Clement R. Attlee 영국 부총리는 오늘 하원에서 모든 UN 국가들은 반드시 조선의 독립 방식과 그 단계에 대해 결정하여야 한다. 카이로 회의는 적당한 시기 한국의 독립을 보장하였다.

부총리는 의원의 질문에 답변할 때 한국 독립 사항은 UN 국가들이

---

* 역자 주—何特里는 艾德礼(Clement R. Attlee, 1942.2.19~1945.5.23 영국 부총리)의 오기로 보임.

극동 전국戰局을 의논한 후에 진행할 것이다.

영국 정부가 근대 이전에 한 국가가 (해독 불가) 힘으로 자립하지 못한 국가도 독립시키는 것은 위험한 행동이 아니냐고 하는 한 의원의 질문에 애틀리 씨는 이에 답하지 않았다.

32년 12월 9일 중앙사中央社 소식

06

한국문제 처리에 대한 수정 의견

KWCB-0149, 中國國民黨文化傳播委員會黨史館

한국문제 처리에 대한 수정 의견

한국문제에 대한 처리원칙은 총리의 유훈과 총재의 훈시 및 중앙의 선언과 결의를 따라 "약한 자와 곤경에 처한 자를 돕는" 정신을 준수해야 할 것이다. 이상의 원칙에 위배되지 않는 전제하에서 수정의견을 보내드린다.

1. 중국은 카이로 선언을 통해 조선의 독립을 약속했기 때문에 그 구체적 방법을 명시해야 할 것이다. 조선의 문제에 대해서 미국은 항상 중국의 의견을 존중했다.

2. 한국의 당파 분쟁에 대해서는 독립당을 중점적으로 지원하면서 기타 당파와의 조정과 협력을 원칙으로 한다.

3. 한국임시정부의 경비와 교민들의 구제비용은 우리 당이 차관의 형식으로 제공할 수 있다. 그러나 구체적 사용과 지배는 임시정부가 할 것이며 우리 당은 그 사용에 대해서 협조의 의무만 할 것이며 최종 예산의 집행결과에 대해서 "회계 감사"하는 방식을 취하지 않는 것이 바람직하다.

4. 이후 한국문제의 처리에 대해서는 지정된 유일한 기구가 통일적으로 관리하는 것이 바람직하다.

07

우톄청吳鐵城이 허잉친何應欽에게 보내는 서한

KWCB-0150, 中國國民黨文化傳播委員會黨史館

우톄청이 허잉친에게 보내는 서신

6월 16일

기관 허 총관님께

내용 한국광복군 행동 규약 수정

존경하는 나의 형님께

한국광복군 행동 준승 9항을 만든 것을 살펴보니, 한국인들은 비현실적이며 허황된 생각을 갖고 있습니다. 그 가운데 광복군이 중국 군사위원회에 예속된다는 조항은 생각건대 한국독립정신을 훼손하는 것이며, 특히 손두환 등이 가장 극렬하게 임시정부를 공격하는데 그 구실로 빙자하고 있습니다. 작년 한국임시의정원 제35차 의회에서는 취임한 국무위원들에게 취임 이후 3개월 내 중국정부와 수정 협상을 하도록 책임을 주었습니다. 만약 교섭이 아무런 결과 없이 끝나면, 그 조항의 무효를 자동적으로 선언하는 결의도 하였습니다. 임시정부를 안정시키기 위해서는, 내부의 소란을 제거하고 아직 심사하지 않은 부분에 대해 상황을 참작하여 수정이 가능한 지 알아봐야 합니다. 또한 한국임시정부가 현재 각 계파가 연합하는 조직으로 재편되었는데, 이전 조항들에는 여전히 '독립당임시정부' 등으로 표기되어, 이것 역시 개정을 해야 합니다.

지금 한국 외무부장 조소앙은 「중한호조군사협정 초안」을 거듭 보내와, 심사 처리를 요청하고 있습니다. 특별히, 이 초안 원문과 한국임시정부의정원 제35차 회의의 한국광복군 행동 준승 9항 개정 요구에 관한 결의안 원문을 동봉하여 보내드리오니, 업무 처리에 참고하시고 어떠한지 의견을 다시 알려주시길 바랍니다.

「중한호조군사협정 초안」 및 한국임시의정원 제35차 회의의 한국광복군 행동 준승 9항 개정 요구에 관한 결의안 원문 1부를 첨부함

아우 우톄청 씀

08

화북 조선독립동맹의 어렵고 고달픈 가운데서도 용감하며 적극적인 항일운동

KWCB-0151, 中國國民黨文化傳播委員會黨史館

화북 조선독립동맹이 어렵고 고달픈 가운데서도 용감하며 적극적으로 항일운동을 함

많은 조선의용대원이 이미 영광스럽게 희생됨

(본보 알림) 화북에 모여 있는 적의 후방에서 분투 중인 아군 책임자의 말에 따르면,

화북의 조선 인민들이 화북 조선독립동맹을 만든 이후, 김무정 동지 지도하의 많은 인원들이 중국 군대가 수행 중인 적을 와해시키는 일과 일본 군벌의 침략 전쟁을 반대하기 위해 조선 인민들에게 호소하는 일 등을(등에 대하여) 어렵고 고달픈 가운데서도 용감하게 작전을 하고 있다고 한다.

또한 조선의용군대가 작전 가운데 꽤 많이 희생되었다고 한다.

헤아려 보면 손일봉(조선 평안도), 박길동(경기도), 왕현순(조선 평안도), 한청도(충청도), 석정(경상도), 진광화(평안도), 호유백(경상도), 김학무(함경도), 김파불(평안도), 문명철(전라도), 한악산(충청도), 최지남(평안도), 이광

인(위와 같음), 김영신(위와 같음), 과균(강원도), 임평(충청도), 한진(경기도), 김명화(평안도) 등 동지들이며, 이들은 모두 동맹의 회원들이었다.

09

한정민이 우톄청에게 보내는 서한

KWCB-0152, 中國國民黨文化傳播委員會黨史館

우 선생님께!

장 선생의 큰 뜻은 한국 정부 교섭 업무를 맡게 된 것에 환영을 표하는 것이며 오천만 원 차관 중 먼저 오백만 원을 지원 해주는 일에 매우 감사해 하고 있습니다. 다만 김구 선생이 줄곧 분별력이 없고 본래 뚜렷한 이념 정책이 없이, 한국공산주의자 김원봉(김약산) 등 적색제국주의와 어울리며, 파쇼 정책으로 민주 정책을 파괴하며 대계를 무너뜨려 단독 행동을 합니다. 내지 공작단이라는 명목으로 수차례 전 인원을 공산당에게 내주어 화북에 진출하게 하였습니다. 정부를 화북으로 옮기기 위한 사전 작업을 하고, 무지한 청년을 매수하고 앞잡이로 동원하여 국무위원 회의실 안팎에 무장으로 매복하였습니다. 10월 9일 국무회의 석상에 파쇼정책을 반대하고 그 행위들을 비판하는 위원들이 있었고, 이 때문에 회의실 안팎에서 폭력사건이 발생했습니다. 임시정부 내부의 의견을 통일을 하고자 한 일은 결국 실패하여 아무것도 남지 않게 되었고, 이로 인해 살육의 엄중한 사태가 발생하였습니다. 선생께서는 비밀리에 신임할 수 있는 인원들로 하여금 그 내막과 실상을 파악할 수 있도록 파견하시고, 중한 양 민족의 합작 대계와 함께 작전을 하는 계획을 완전히 수립하시어, 이후 막대한 차관으로 실제 승리를 얻을 수 있는 단계로 나아가시길 바랍니다. 이상을 엄숙히 올립니다.

　한정민

　10월 11일 올림

10

한국문제 연구 요점 및 자료 2

KWCB-0010, 中央研究院 近代史研究所

외교부 내전(來電)

제 48890호

발신자 워이다오밍(魏道明)   발신 시간 : 33년 11월 17일 13시 14분

발신지 워싱턴   수신 시간 : 33년 11월 20일 22시 30분

제831호 17일

충칭 외교부 쑹 장관님

제947호 전보문을 잘 받았습니다. 전후 한국독립에 관해 카이로 회의 선언 중 '적절한 시기에^{in due course}'는 반드시 과도단계 기간을 걸친다는 뜻으로 현재로는 그 기간을 확정하기 어렵습니다. 우선 극동 관련 연합국 조직기구와 함께 중국과 미국을 중심으로 절차를 정하고 한국인들의 자주를 돕는 것입니다.

현재 한국인들은 밖에서 단결성이 매우 부족합니다. 우리는 힘을 집중하여 한국독립당을 지지함으로써 광복 후 정권을 수립하여 통일을 이루도록 해야 할 것입니다. 그러나 소련이 이미 한국인 8만 명을 훈련

시켰으며 근래 이미 일부분을 돌려보내 암암리에 활동하고 있습니다. 시베리아에 있는 한국 교민이 약 100만 명에 달하는데 역시 대규모로 귀국한다고 합니다. 만약 중국과 미국이 전력을 다해 충칭에 있는 정권을 지지한다면 통일은 비교적 쉬울 것입니다.

경제적인 측면에서는 재한 일본회사는 한국인들이 접수하여 관리하여야 합니다. 국제기구가 감독하고 상당한 협조를 제공하여야 합니다. 한국 경제에서 토지 문제는 매우 중요합니다. 현재 동북에는 100만 명의 한국인들이 있습니다. 이들의 귀국을 독려하여 개발하게 할 수 있습니다. 미국 하와이에 있는 한국 교민은 약 7,000명에 달합니다. 북미에는 2,000명이 있습니다. 외국에서 오랫동안 생활해온 사람들은 정치의식이 박약합니다. 방법을 강구하여 이들 중 우수한 사람들을 귀국하도록 권유해야 합니다.

워이다오밍

11

한국문제 연구 요점 및 자료 1

KWCB-0011, 中央研究院 近代史研究所

한국 군사부문 각 문제에 관한 의견

---

1. 연합군이 한국에 진공할 경우 우리나라가 일차적으로 파견 가능한 원정군은 1개 내지 2개 군입니다. 더 필요한 상황이라면 1개 또는 2개 군을 증파할 수 있습니다. 파견하는 부대는 육군 위주입니다.

이 파견군에 관하여서는 가령 일본군이 우리나라 동남 연해안과 중부에서 어쩔 수 없이 후퇴하여 화북 또는 동북 4개 성을 수비할 경우 우리 파견군은 화북 또는 동북 4개 성에 대한 공격을 기다리지 않고 바로 연합군 해군과 공군의 협력하에 우선 상륙할 수 있습니다.

2. 연합군이 한국을 점령한 후 반드시 주둔하여 방어해야 할 필요가 있을 경우 육지에는 당연히 중국 군대가 주둔하여 지킬 것입니다.

(파견군이 남아 주둔하는 것)을 중심으로 미국 공군이 협력하는 것입니다. 영해에 대한 방위는 미국과 영국 해군이 책임집니다.

육지에서 만약 중국, 미국, 영국이 공동으로 방위할 경우 한강 이북은 마땅히 우리나라에 귀속시키고 남쪽은 미국과 영국이 담당하는 것입니다. 군대 비율은 우리와 미, 영이 4 대 1입니다.

3. 한국 국방군이 만약 연합군의 훈련 지도가 필요할 경우 한국 정부가 우리나라에서 설립한 광복군을 기간으로 하여 우리나라와 상의하며, 우리나라 군사 인재를 파견하여 훈련을 책임지도록 합니다. 해군과 공군은 우리나라 인재가 결핍할 경우 한국 정부가 우리의 동의를 거쳐 미국, 영국 군사 인재를 초빙할 수 있습니다.

이 조항 규정은 반드시 전쟁 후 우리나라의 국제적 지위와 극동 안정을 우리가 부담해야 할 경우에 결정합니다.

4. 주둔군 비용은 단시간 내는 연합군 각자가 부담합니다. 한국 정부가 성립되어 정권을 행사한 후 연합군이 상당 기간 주둔하면서 건국과 건군을 협조해야 할 경우 주둔군 비용은 마땅히 한국이 부담합니다.

5. 만약 소련이 일본 작전에 참여할 경우 1, 2, 3, 4항은 대체로 변동할 필요가 없습니다. 협력 작전 상황을 봐가면서 임시로 중국, 미국, 영국, 소련이 협상하여 각자 임무를 정하면 됩니다.

12

우톄칭이 워이다오밍에게 보내는 서한

KWCB-0153, 中國國民黨文化傳播委員會黨史館

서신

필사한 것을 샤오위린 동지에게 보냄

워이다오밍 대사 고문(古門) 12월 1일 10시

나의 형 워이뷔충魏伯聰*에게

조선과 우리나라를 놓고 보면, 순망치한의 관계로서 이해관계가 서로 같다고 할 수 있습니다. 또한 카이로 회의에서는 이미 적절한 시기에 조선을 독립시키기로 보증하고 공포하였습니다. 현재 미국은 어떻게 자금을 운영할 것인지 명확하고 상세하게 알기를 원하고 있습니다. 아우는 총재의 비밀전보를 받아, 조선방면에 능통한 샤오위린邵毓麟 동지를 초청해, 태평양학회에 참석시킬 것이며, 특히 미국 내 조선문제에 관한 의견이나 자료, 서적의 연구사상 등을 수집하게 할 것입니다. 따로 말씀드리고자 하는 것은 샤오위린 동지께 이 임무에 대해 특별히 협조와 편리를 구해, 어떤 어려움도 느끼지 못하도록 하는 것입니다.

---

*   역자 주—뷔충(伯聰)은 워이다오밍의 호.

아우
우테청

13

한국광복군 총사령부 정훈처에서 중집회에 보내는 서한

KWCB-0154, 中國國民黨文化傳播委員會黨史館

중앙비서처 33년 12월 19일 기요처

민중을 조직하여 훈련하는데 필요한 경제 보조를 하는 계획하고 또한 이를 국민정부에서 검사하여 준비해줄 것을 요청

한국광복군 총사령부 정훈처 드림

중화민국 33년 12월 18일

본처 정치공작 동지가 주말과 휴일 기간에 당과 국가에 보답하고자, 민중을 조직하고 훈련하며 다른 한편으로 풍속을 바꾸고자 813 성인 훈련반을 만들어 운용하고자 합니다. 이미 빌리기로 합의한 난안 단쯔스 젠신가 22호 813학교를 훈련반 주소로 하고, 34년 1월 1일 입학식을 거행하고자 합니다. 새해를 축하하고 승리를 환영하는 자리에 18세이상 55세 이하의 모든 중국인들은 그 직업과 성별에 상관없이, 신청만

하면 주말에 강의를 듣고 소그룹(단위) 훈련을 받을 수 있습니다. 주요 과목은 당의 의의를 널리 알리고, 민권의 가르침을 통해 민족정기를 제창하여 민족 내 사악한 기운을 제거하는 것입니다. 이는 사람들로 하여금 삼민주의를 받들어 간사하게 위장한 공산주의 연기를 마셔 순응하지 않도록 하는 것이며, 올바른 마음을 가지고 바른 말을 하며, 좋은 일을 행하는 당의 민중적 의지가 되도록 만드는 것입니다. 이번 계획은 다른 업무와는 달리 당의 의무인 민중을 조직하고 훈련시키는 일인 만큼, 경제적 보조를 계획하고, 또한 국민정부가 이를 심사하고 준비하여 주시기를 요청하는 바입니다. 회신을 간절히 기다리고 있겠습니다. 이상입니다.

중앙집행위원회

당원 한국광복군 총사령부 소장 정신처장

황샤오메이黃紹美

14

한국 독립 문제에 관한 방안

KWCB-0155, 中國國民黨文化傳播委員會黨史館

한국 독립 문제에 관한 방안

초고

장쩐한張振漢

입안 1945년 11월 19일

장쩐한이 우톄청 비서장에게 보고 (10월 15일)

(본 방안은 중국 환경을 고려하면서 외교적으로 중시되는 것에 딱 어울리는 것으로, 현재 추진 가능한 일들로 정한 것임) (우리나라는 한국 독립 문제에 대하여, 마땅히 어떤 방안을 택하여야 하며, 초안을 수립하여 조선 민족 해방 계획을 이끌고 있는 비서장님에게 보고하여 참고하도록 해야 한다)

1. 정치분야

A. 중국 내 한국임시정부에 대해 현재 승인 문제를 고려하기 쉽지 않음. '이유', 1944년 12월 11일 하원에서 한국 문제로 토론을 했을 당시의 영국 정부와 국민의 태도를 고려해 보면, 한 나라는 자신들만의 역량

으로 근대 세계의 앞에 설 수 없다고 다수가 주장하였음. 즉 독립을 하는 것은 실로 위험한 행동이며 승인하지 않을 것이라는 뜻을 분명히 나타냈다.

미국 정부와 국민은 비록 한국에 대한 동정의 마음을 가지고 있지만, 인도 문제를 아직 해결하지 못한 영국을 방해할 수 있어, 이 당시 구체적인 의견 피력에 불편해함.

소련은 한국에 대해 실제로는 다른 의도를 가지고 있었고 그 시기가 이르지 않았기 때문에, 시종일관 태도 표명을 하지 않음.

현재 중국의 입장에서 먼저 승인을 고려한다면, 미국은 이의를 제기하지 않을 것이고, 영국은 틀림없이 의심과 시기를 나타내어, 외교에 적잖은 영향을 끼칠 것이다.

B. 연합군이 일본을 한국에서 몰아내고, 우선적으로 군정부를 조직하여 한국 해방을 정식으로 선포하는 원칙은, 3년을 기한으로 하는 통치권을 대행하고, 광복군을 따라 한국으로 돌아오는 민족해방위원회 인원(즉, 중국 내 한국임시정부를 지칭함)들과 한국 내 유력 인사들을 지도하여 독립임시정부를 조직, 군정부와 협의하여 내정을 시행하고, 3년 후 치안, 정치 및 한국의 통일 등이 객관적인 조건에 모두 부합하면, 그때 정식으로 승인하는 것이다. 주둔국 군정은 통치권 대행에서 물러나서, 주군통수부駐軍統帥府로 칭하며, 국방 및 군대 훈련과 관련된 책임을 전적으로 맡으며, 20년 후 통수부가 철수하는 그때 비로소 실질적인 자유 독립이 됨.

'이유'는 바로 중한 양국의 실제 정세로 논할 수 있는데, 중국은 전후 부흥과 군비 정돈, 한국은 국방, 경제를 건설하는데 10년씩 두 차례 하지 않으면 안 되기 때문이며, 통수부 기간 연장은 미국과 영국으로 하여금 소련에 대처하게 하는 것이 비교적 적절한 방법일 것이며, 되도록 먼저 독립임시정부를 승인하고, 내정을 주재케 하여 한국인의 소망을 만족시켜 줌으로, 인민 내부에 반감이 발생하여 소련이 이를 정치적으로 이용할 기회를 사전에 차단해야 한다. 20년 후 중한 양국의 국력이 탄탄해지면, 자연스럽게 지리 역사 및 민족 관계에 따라 함께 협력 합작하는 것이 비교적 적절할 것이다.

C. 한국임시정부로 하여금 국제 정세를 명확하게 이해하게 하고 한국인민해방위원회를 재편하여, 그 단체를 공동 작전 단체로 승인하는 방법을 강구함.

'이유', 한국민족혁명대표 김약산 등 좌경분자들은 임시정부를 신속히 승인하고자 하는 필요 요지를 나타내지 않는데, 이는 바로 장래에 기회를 엿보아 별도의 친소傾蘇 정부를 조직하고자 한 것이다. 중국은 이때 국제 환경의 제약으로, 비록 임시정부를 자주적으로 승인하는 것이 어렵겠지만, 주도권을 잡고 외교를 방해하지 않는다는 원칙하에 국제 선례에 따르면서 다른 방식을 취하여 좌경분자의 시도를 저지한다.

D. 한교(중국 내 한국인)에 대한 제한을 완화하고 인재를 모아 한국 독립에 친중傾華 사상이 자리 잡도록 함으로써 중국에 유리하게 지도한다.

'이유', 재작년 미국 사법부 담당관 해리슨은 미국 내 한교들을 적국의 교포로 등기하지 않도록 지시하였는데, 중국은 이보다 한발 더 나아가는 조치를 군부와 함께 상의해야 한다. 미국에 있는 한인지도자 이승만 박사 및 타국에 거주하는 유력한 한교들을 한국민족해방위원회에 가입시켜 역량을 강화시키고, 중국이 우대하며 훈도함으로 그들의 심리를 친중적으로 바꾸어 훗날 중한 국교의 힘을 얻을 수 있음.

E. 중앙당부군위원회 외교부

'이유', 한국광복운동은 중국을 기지로 하고 있고, 중한 양국의 장래 우호 관계 증진을 모색한다면 지금 한국인의 마음을 얻기 위해 착수하는 것이 바람직하다. 촉진회 인원이 민간 입장에서 본 논의의 절차를 세우고 수시로 한국의 유력분자와 연락 협조를 하여 각지의 인재를 흡수해야 할 것이며, C, D 두 항목의 업무를 적극적으로 추진해야 한다. 이로써, 한국인들에게 중국이 방임의 태도를 보였다는 원망의 마음이 남지 않도록 해야 할 것이며, 이는 실로 현재 시급한 일이다.

F. 한국에 있는 연합군 군정부는 미국 수석대표가 주재하여 고문 혹은 감독 기구를 설치하고자 하는 모든 행위를 관리 감독하는 것이 바람직하다.

'이유', 연합군은 군정부를 수립하였고 중국은 고문 설치에 참가할 권리가 있다. 중국은 어떠한 감독 기구가 필요하지 않으며, 한국인들의 환영을 받지 못할 것에 우려한다. 한국광복전쟁은 미국의 힘이 가장 컸기 때문에, 군정을 시행하는 시기에는 미국이 대표를 맡는 것이 정당한 이유이며 또한 중국에게 유익한 것이다.

2. 군사분야

A. 연합군이 한국에 주둔하고 있는 군사지역과 관련하여, 어떻게 육해공군 기지를 사용하며 국방군대를 창설 훈련시킬 것인가 등의 문제는 상황의 변화에 따라 군위원회의 상세 계획으로 남겨 두기를 희망하고 있다. 현재, 업무담당자는 군사 및 기타 인원들을 선발 파견하여 적

극 협조케 하며 또한 한국인을 훈련시켜 각지로 보내 광복군을 확충해야 할 것이다.

'이유', 미국의 권위있는 학자이자 조선통으로 잘 알려진 올리버는 이미 한국을 아시아의 스위스라고 칭한 적이 있다. 일본은 전쟁 물자를 옮기기 위해 중국 각지에 철도 노선을 놓았고 20곳에 터널을 뚫었으며, 무수히 많은 곳을 파헤쳐 고가교량을 만들었는데, 이로써 유격대 1만명이 원활한 물자 공급을 받을 수 있었다. 즉, 한국과 동북의 군사 기구들이 혼란 상태에 빠지도록 만든 것이다. 중한 양국 관계가 밀접한 이때에 적극 협조하고 지도해야 하며, 광복군의 현재 불안한 모습과 날로 쇠약해져가는 기세를 방관하는 것은 바람직하지 않다.

3. 경제분야

중국이 한국 경제에 원조하는 문제에 관해서는, 가능한 범위에서 전후 한국 내 일본의 공적 사적 재산 및 회사 공장 창고 등을 몰수한 10억 3백만 원을 한국정부에 전달해 경제 기초 건설에 조달하도록 하고 국제 투자은행단 설치를 제의하는 것 이외에, 외교부와 교포위원회僑委會는 전후 재한 화교들을 돕고 지도하는 방법과 인원을 훈련하는 방안을 입법하는 협의를 해야 할 것이며, 이는 장래 한국인들이 일본인이 소유 경영한 사업을 받아서 중국의 한국 내 경제분야 발전을 준비하기 위함이다.

4. 한교韓僑분야

교포는 중국 각지에 거주하는 자이며, 한교는 중국 정부의 심사를 받아 귀화하거나 선량한 사람으로서 등록을 마친 사람이면, 당연히 거류하며 일반 외국인 교포들이 누리는 동등한 대우를 누릴 수 있다. 간도의 한교들은 반드시 소수민족의 방법으로 처리하는 것을 고려해야 할 것이다.

'이유', 7·7사변 발생 1년 전의 통계에, 간도의 인구는 총 63만 6867명으로, 이 가운데 순수한 중국인은 15만 2233명일 뿐이고, 순수 일본인은 1만 150명, 한국인은 47만 4333명, 기타 외국인은 155명이다. 중일전쟁 발발 후 화북지역이나 동북의 다른 도시에 거주하다가 간도로 이주한 한교 약 3만여 명에, 최근 증가하는 수를 더하면 60만여 명 밑으로 떨어지지는 않는다.

간도의 한교들은 초기에 모두 소작농으로서, 경작 자금과 식량 등을 대부분 중국인에게 빌려다가 사용했다. 민국 22년 이후, 일본영사관이 조선 인민회를 지원하고 또 만선척식공사를 설립하여 이민 사업을 경영하고 이전의 이민자들을 통제하였다. 어떤 회사는 토지를 사들인 뒤 다시 소작농에게 팔아 해마다 토지대금을 받았고, 점차 자경농에게 경작 자금을 분기별로 대출해주었다.

간도의 한교들은 민국 22년부터 해마다 점차 집단 부락을 이루었고, 현재 100여 개가 안 되는 단위들이 만들어져 있다. 초등학교는 150여 개, 중등학교는 4개, 특수학교는 7개가 있다.

만주국 정부가 만들어진 후, 각 성의 성장省長들은 모두 중국인이며, 간도성장만 유일하게 일본인이고, 관공서의 관리와 고용된 인원 1만 5천 5십명 가운데, 한국인이 다수를 차지하고 있다.

간도의 한교들은 위에서 서술한 것처럼 특수한 상황 속에 처해 있기 때문에, 소수민족의 문제로 고려하지 않는 것이 불가능하다. 영국 대사가 중국이 간도의 한교들에 대해 장래 어떤 정책을 취할 것인가에 질문했을 때, 그 질문의 의도는 아마도 여기에 있었을 것이다.

김구가 우톄청에게 보내는 서신 : 11월 2일(대의)

한국 임정 주석 김구는 미국 측의 희망대로, 중미 양국 우호 협정을 존중하며, 미군 정부의 현행 규약을 위배하지 않고, 수시로 미군 정부와 협조하여, 전국을 통일하고자 하는 민주적 의지와 자주 독립의 신민주 국가 건설에 힘쓸 것을 선언했다.

군사위와 한국광복군 사이의 2가지 연계 방법

KWCB-0156, 中國國民黨文化傳播委員會黨史館

첨부문건 (3)

본회와 한국광복군 사이의 2가지 연계 방법 사본 첨부

광복군이 옛 전구戰區 지역에 사람을 보내 공작하며 또 전구 지역에서 인원을 모집하고자 할 때에는 사전에 반드시 본회의 동의를 구한 후 파견을 해야 한다. 이는 본회가 전구 지역을 잘 알고 있어, 적시에 협조해 줄 수 있고 또한 서로 오해를 피하기 위해서이다. 광복군은 우리나라 현지 사람들을 모집할 수 없다. 만약 훈련된 중국 국적의 군사기술인원들을 데려와 쓰고 싶다면, 본회에 상의를 요청해 그 허락을 받아야만 파견될 수 있다. 현재 중국 국적의 인원을 앞으로도 계속해서 쓰고 싶다면 그 여부는 이와 같이 결정될 것이다.

'광복군원조방법'에 관한 원문 심사의견 대조표

KWCB-0157, 中國國民黨文化傳播委員會黨史館

'광복군원조방법'에 관한 원문 심사의견 대조표

원문 의견

한국광복군은 조국광복을 목적으로 중국경내에 있는 동안은 중국군 대와 배합하여 항일 작전에 참가해야 한다.

원문 동의

한국광복군이 중국경내에서의 작전행동은 중국최고통찰부의 지휘를 받는다.

원문 동의

한국광복군이 중국 경내에서 훈련하고 의병을 모집하는 작업을 할 시에 양측의 협상을 거쳐 중국은 필요한 협조와 편리를 광복군에게 제공한다.

광복군에 협조하여 의병을 모집하고 훈련하는 것 관련해서 편리에 관한 규정이 있다. 본 조항은 원칙상 동의를 하는데, 단 "중국은 필요한 협조와 편리를 광복군에게 준다"는 구절을 "중국군사위원회의 동의를 거친 후, 필요한 협조와 편리를 준다"로 고치면 좋겠습니다.

한국광복군의 절충사항에 관한 것은 한국임시정부군무부장과 중국군사위원회 반공청주임이 협상하여 진행한다.

공식으로 한국임시정부를 승인하기 전에 한국의 임시정부군무부장과 협상을 지정하는 것은 부당하다. 본 조항은 "한국광복군의 절충사항에 관한 것은 한국광복군 총사령과 중국군사위원회 반공청주임이 협상하여 진행한다". 이상 수정한 조항은 지난번 제출에 이어 이번에도 유지하여 처리하기를 희망합니다.

중국군사위원회에서는 참모 몇 명을 파견하여 광복군과 연락이 되었고 광복군의 작업에 협조를 할 예정이다.

광복군이 중국 경내에서 작전에 참가하는 것에 대해 본 위원회는 응당 참모인원을 추가 파견하여 협조를 하며 목적은 단지 연락을 하는 것에만 한하지 않는다. 본 조항은 "중국군사위원회는 한국광복군의 청구한 것 외에 참모장과 기술인원을 파견할 뿐만 아니라 필요시 참모단을 파견하여 한국광복군 작업에 참가하게 한다"로 수정할 수 있다. 이상의 수정 조항은 지난번 제출에 이어 이번에도 유지하여 처리하기를 희망합니다.

한국광복군이 필요한 모든 군사비용은 협상한 후 대출의 형식으로 중국에서 한국임시정부에게 지급한다. 단 광복군의 경비는 중국 군대가 현재 진행되는 규정에 의거하여 지급하며, 중국군사위원회에서 매달 한국임시정부에게 지급한다.

「김구 요청사항」 원문 및 중앙당부 의견에 관해 본 위원회가 심사한 의견 대조표

KWCB-0158, 中國國民黨文化傳播委員會黨史館

「김구 요청사항」 원문 및 중앙당부 의견에 관해

본 위원회가 심사한 의견 대조표

원문

한국광복군이 개설하고자 하는 훈련반에서 필요로 하는 경상비는 매월 30만 원 이외에도, 쓰촨에 대원들이 모이는 비용 200만 원 및 주택, 기구, 침구류 등 비용 300만 원이 필요하며, 모두 지급되어야 하는 비용이다. 한국광복군에게 보통 인원을 모으는데 사용하는 비용으로 매월 200만 원을 지급하고 있다.

중앙당부 의견

광복군은 인원수가 제한적이므로, 지금 즉시 전투에 참가할 수 없으며, 평소에 부단히 훈련해야 한다. 따라서 훈련반 개설과 그에 필요한 비용을 요청한 것은 반드시 필요한 것으로 볼 수 없다. 또한 광복군은 마땅히 전구에 인접한 후방(예를 들어, 푸양이나 라오허커우 등지)에 주둔하여 일본군의 사기를 저하시키는 데 힘을 발휘하여야 하며, 한국 국적의 적군이 돌아올 수 있도록 선동하여 조선 영내로 진입하는 노선을 만들어야 한다. 따라서 쓰촨으로 오는 비용은 실제 인원수와 주둔지가 확정된 이후에, 다시 지급하도록 한다. 본 요청사항은 한국임시정부 군사대표와 군사위원회 판공청 주임이 상의하여 처리하도록 한다.

본 위원회 의견

중앙당부가 훈련반을 개설하는 것이 불필요하다는 의견에 어떠한 이의도 없다. 그 군대에는 조직원들의 구성이 복잡하고, 당파 의견이 서로 엇갈린다. 훈련이 필요는 하지만, 요청한 경비가 너무 많아 실제 상황과 맞지않다. 만약 훈련반을 개설하고자 한다면, 필요한 경비가 마땅히 실제와 부합해야 한다. 배울 인원들을 쓰촨으로 모으는 데 필요한 비용은 사전에 그 군대에서 훈련시킬 인원의 이력, 주둔지 등을 문서로 만들어 본 위원회에 보고한 이후에야 줄 수 있다. 주택, 기구, 침구류 등에 필요한 비용은 훈련을 받을 인원과 훈련반 장소가 확정된 이후에, 다시 그 비용을 심사한다. 또한 군대 주둔지에 관해서는 현재 총사령부가 업무로 인하여 대규모로 전개를 하지 못하고 있으므로, 계속 충칭에 머무르도록 하고, 각 지대에 소속된 모든 인원들은 각 전구에 주둔한다.

본 항목은 본 위원회가 지난번에 이미 서명한 의견임.
"이후 군대의 모집 사무가 강화된다면, 이때 상황을 참작하여 비용을 지급할 수 있다. 목적지에 도착한 이후, 실제 상황을 보고 지급하도록 한다."

현 중앙당부가 기초한 의견에 대해, 원칙적으로 동의하며, 단지 "한국 임시정부 군사대표"를 "한국광복군 총사령"으로 바꾸어야 할 것 같다.

18

한국광복군 행동준거 9개 조약

KWCB-0159, 中國國民黨文化傳播委員會黨史館

한국광복군 행동준거 9개 조약

한국광복군은 우리나라에서 항일 작전하는 기간에는 본 위원회에 직속되며 참모총장이 장악, 운용한다.

한국광복군은 본 위원회에서 통할, 지휘한다. 우리나라에서 지속적으로 항일 작전하는 기간 및 한국독립당 임시정부가 한국 경내에 들어가기 전까지는 우리나라 최고 통수부의 군령만을 접수할 뿐 기타 군령이나 기타 정치적 견제를 받으면 안 된다. 우리나라의 군령을 받는 기간에는 한국광복군과 한국독립당 임시정부와의 관계는 고유의 관계를 유지한다.

본 위원회는 한국광복군이 한국 경내 및 한국 국경 인접 지역에서의 활동하는 것을 지원하되 우리나라 항일 전쟁과 협력하는 것을 원칙으로 한다. 한국광복군이 한국 국경 내로 진입할 수 있기 전까지는 한인들을 흡수할 수 있는 피점령 지역을 주요 활동 구역으로 삼는다. 군대의 편성, 훈련 기간에는 우리나라 전구戰區 제1선 부근에서 조직하고 훈련하도록 특별히 허락한다. 단 그 지역의 우리나라 최고 군사 장관의 지휘, 통솔을 받는다.

전구 제1선 후방 지역에서는 다만 전구의 장관 소재지 및 본 위원회 소재지에서만 통신 기관을 설립할 수 있으며, 부대를 모집하여 임의로 체류하거나 기타 활동을 하면 안 된다.

한국광복군 총사령부 소재지는 군사위원회에서 지정한다.

한국광복군은 피점령 지역이나 전구 후방 지역에서 우리나라 국적의 사병을 모집하지 못하며 행정관리를 마음대로 두면 안 된다.

만일 중국어로 된 문화 공작이나 기술 인원을 사용하려면 모두 군사위원회에서 파견한다.

한국광복군의 지휘명령 및 청구금, 무기 수령 등 사항에 관해서는 본 위원회에서 지정한 판공청 군사처가 책임지고 교섭한다.

중일전쟁이 끝나기 전에 한국 독립당 임시정부가 한국 경내에 진입하였을 경우 한국광복군과 임시정부의 관계는 별도로 의논하여 규정한다. 그러나 여전히 본 위원회의 군령을 계속하여 받으며 우리와의 협동작전을 위주로 한다.

중일전쟁이 끝난 이후 한국광복군을 어떻게 운용할 것인가는 본 위원회 일관된 정책으로 당시 상황에 맞게 책임지고 처리한다.

중한호조군사협정초안

19

대한민국 임시의정원 결의안

KWCB-0160, 中國國民黨文化傳播委員會黨史館

대한민국임시의정원 결의안 원문

---

8. 한국광복군에 필요한 모든 경비와 무기는 신용 차관이나 무기탄약 임차와 같은 방식으로 쌍방의 협상을 통해 시행하도록 한다. 경비와 무기에 관해 협의하는 기관은 중국군 최고군사장관이 지정한다.

9. 만약 중일전쟁이 끝나기 이전에 한국임시정부가 한국 국경으로 진입하고자 하는 경우에는 중국과 대일항전 업무를 함께 진행해야 한다.

10. 본 협약이 성립될 때, 한국광복군은 9개 조항을 그 즉시 폐지한다.

의정원 결의안 원문 (제2차)

대한민국 25년 12월 8일 중국이 요구하여 개정한 한국광복군 현행 9항 행동준승안을 대한민국임시정부 의정원 제35차 회의에서 의결하였다. 그 원문은 다음과 같다.

신임 국무위원들은 취임 후 3개월 이내에 반드시 평등호조의 원칙에 따라 중국정부에 「신협약」 개정을 요구하여, 이전 중국군사위원회가 발표・시행한 「9항 행동준승」을 대체함으로써 명실상부한 한국 국군 기간 부대를 편성할 수 있도록 해야 할 것이다. 만약 불행하게도 원래 수정 기간 내에 신협약으로 개정하지 못할 시, 임시정부는 그 즉시 9항 준승이 무효임을 선포하는 성명을 내고 광복군의 사무를 계획한다. (끝)

20

한국임시정부 경비 명세서를 확인하고
비용을 발급하시오

KWCB-0161, 中國國民黨文化傳播委員會黨史館

한국임시정부 경비 명세서를 확인하고 비용을 발급하시오

부록 3

목록에 근거해 보조비용 70만 원을 발급한다.

설명 한국임시정부에 대한 보조비용은 본래 매월 20만 원이고 임시정부가 목록에 근거해서 수령하기로 한다. 일부는 충칭에 있는 한국 교민들의 생활비 명목이고 다른 부분은 임시정부의 일상지출로 사용한다. 그러나 이상의 두 가지 비용을 명확하게 구분하기 힘들기 때문에 재충칭 한국 교민들에게 임시정부를 비난할 수 있는 빌미를 제공했다. 이러한 이유 때문에 당은 보조비용을 두 항목으로 구분하기로 한다.

첫 번째는 한국 교민들의 생활비 40만 원이다.

(현재 충칭에 거주하고 있는 한국 교민은 300여 명이다. 한 사람당 1천 원씩 지급하며 임시정부가 목록에 근거해서 다시 조사하도록 한다.)

두 번째는 임시정부의 일상지출 30만 원이다. 두 가지 항목 총 매월 70만 원이다.

일차적으로 예비비용 200만 원을 지급한다.

설명 한국임시정부는 매월 20만 원을 수령하는 것 이외에 긴급 상황에 직면했을 때 중앙비서처나 조직부와 상의해 자금을 지원받을 수 있다. 과거 임시정부의 건물에 화재가 발생해 20만 원을 구제비용으로 수령한 적이 있고, 의회가 회의를 하면서 40만 원을 받은 적이 있다. 이상의 비용은 모두 중앙에서 지출하는 것인데, 조직부에서 먼저 지불한다. 또한 이상의 비용은 예산 범위에 포함되지 않기 때문에 우선 200만 원을 예비비용으로 두고 중앙비서처가 필요한 경우 임시정부에 지급하기를 희망한다.

21

조선문제 초안

KWCB-0162, 中國國民黨文化傳播委員會黨史館

조선문제 초안

카이로 회의는 "중국과 영국의 세 동맹국은 조선인들이 받은 노예 대우를 고려하기로 결정했다"고 선언했다. 이 시기에 조선의 자유와 독립을 가져온 것은 세 정부를 대표하는 의사 결정이었다.

정치

① 현재 조선인들의 독립에 대한 태도는 어떠한가? ② 카이로 선언에 명시된 "적당한 시기"라는 용어에 따라 이후 어떤 일이 나타나는지 결정해야 합니다. 현재 독립일을 정확히 결정할 수 있는가? ③ "적당한 시기"가 길어질 경우 국제협약에 근거하여 임시정부 혹은 국제감독기구를 설립해야 하는가? ④ 중국에서 활동하고 있는 임시정부 등 여러 형태의 "정부"에 대해서 어떤 태도를 취해야 하는가? ⑤ 국제사회가 한국 독립의 정당성과 완전성을 위해 어떤 형식의 보증을 제공할 것인가? ⑥ 군사점령 해제 이후 조선이 바로 독립을 하지 못할 경우, 어느 강대국이 독립을 도와줄 것인가? 어떤 나라가 책임질 것인가? ⑦ 조선의 완전한

독립을 위한 준비 기간 동안, 조선인의 소망에 따라 위탁을 받아야 하는 지를 결정하는 데 있어 어떤 제한이 있어야 하는가? 조선인은 독립을 유예할 의사가 있으며, 그 조정의 가능성은 무엇인가? ⑧ 임시 국제감독기구가 설립된다면, 그 중요한 목적과 책임은 무엇인가? 이 기구가 설립된 후에 유엔이 설립한 다른 유엔 국제기구는 다른 지역 기관에 대해 책임을 져야하는가?

군사

① 조선에 육해공군 기지를 설치할 필요가 있는가? ② 조선의 군비 적용을 위한 어떠한 조정을 준비해야 하는가? 우리들은 조선이 자기 방어력을 조직하도록 돕는 것을 특별히 고려해야 하는가? ③ 만일 조선이 여러 강대국의 보호를 받으면, 강대국들이 책임지는 기간 동안 조선에 군대를 주둔시킬 필요가 있을까? 그렇다면 얼마나 많은 주둔군을 유엔이 제한해야 하는가? 이 기간 동안 유엔이 기지를 활용하기 위해 무엇을 해야 하는가? 강대국들이 조선군을 조직하고 훈련시킬 권리를 가져야 하는가?

경제

① 조선에 거주하고 있는 일본인의 전부 혹은 일부를 반드시 본국으로 송환해야 하는가? ② 토지를 포함한 일본인의 사유재산은 어떤 원칙에 근거해 처리해야 하는가? ③ 조선에 있는 일본의 국가재산은 어떻게 처리해야 하는가? ④ 조선의 필요에 따라 활기찬 경제를 만들고 건설하는 데 재정적으로 다른 지원이 필요한가? 재정 집행 준비를 어떻게 도

와야 하는가? 외국의 민간 투자나 공공 부채를 통해, 아니면 다른 어떤 방법으로? 언제부터 지원을 시작해야 하는가? ⑤ 특히 일본이 조선에서 생산 가능성을 상실했는데, 유엔이 조선의 농산물 원료 또는 산업 제조를 위한 새로운 시장을 찾는 데 어떤 힘을 사용하고 있는가?

교민

① 만주에 거주하고 있는 조선인 특히 철도성에 귀속된 인원을 어떻게 처리해야 하는가? 만주국 정부 혹은 다른 괴뢰정부에 고용된 조선인을 어떻게 처리해야 하는가? ② 일본에 거주하고 있는 조선인을 조선으로 귀국시켜야 하는가? 어떤 원칙에 근거하여 이들의 국적을 결정해야 하는가? ③ 원적은 조선이지만 현재 다른 국가의 국민인 조선인들에 대해서는 어떤 신분을 부여해야 하는가? ④ 만약 조선이 여러 강대국의 보호를 받는다면 조선 교민에게는 어떤 신분을 부여해야 하는가? 해당 국가는 조선 교민의 어떤 이익을 보호해야 하는가?

22

김구가 우테청에게 보내는 서한

KWCB-0163, 中國國民黨文化傳播委員會黨史館

김구가 우테청에게

테청 비서장께

임시정부군무부장 김약산 동지의 편지를 방금 받았습니다.

귀 처에서 보내주신 한국광복군원조변법초안 건은 국무위원회에서 토론을 거쳐 본 초안에 대해 약간의 문구를 수정하고 합용하다고 생각되어 즉시 본 변법초안을 편지에 첨부하여 송달하오니 실행 가능 여부를 확인하시기 바랍니다.

이상

김구 올림

아래에 한국광복군 중한 양방 협정변법 을건을 첨부하여 보내드립니다.

한국광복군 중한 양방 협정변법초안

한국정부수정안

한국임시정부는 한국광복군 소속으로서 조국광복을 목적으로 중국 경내에 있을 동안 중국군대와 배합하여 항일작전에 참가해야 한다.

한국광복군의 중국 경내에서의 작전행동은 중국최고통찰부의 지휘를 받는다.

한국광복군이 중국 경내에서 훈련하고 의병을 모집하는 작업을 할 시, 쌍방의 협상을 통해 중국은 필요한 협조와 편의를 광복군에게 제공한다.

한국임시정부와 중국군사위원회가 파견한 대표가 한국광복군의 절충사항을 협상한다. 광복군과 연락한 중국군사위원회는 몇 명의 참모를 파견했으며 광복군의 작업에 협조할 예정이다.

한국광복군이 필요한 일체 군사비용은 협상을 거쳐 중국이 한국임시정부에 차입한 형식으로 넘겼지만 광복군의 경비는 현재 중국군의 규정에 의거하여 중국군사위원회에서 매월 한국임시정부에게 지급한다.

중국의 각 포로수용소에 한국 국적의 포로가 있을 경우 포로들을 감화 후 한국광복군에게 넘긴다.

본 변법은 쌍방의 문건을 서로 교환하여 받는 것으로 지킨다.

23

김구가 우톄청에게 보내는 서한

KWCB-0164, 中國國民黨文化傳播委員會黨史館

김구가 우톄청에게 보내는 서신

우톄청 비서장님께

지금 우리나라의 우수한 청년 47명이 전방의 적군 중에서 탈출해 푸양을 경유하여 70여 일 동안 수천 리 길을 걸어와 충칭에 도착했습니다. 그들에 따르면 "우리나라 민중이 일본에 인도적이지 못한 가혹한 학대를 받은 것이 이미 극에 달해있고, 국내 지식인 청년들은 모두 군대에 편성되어 전방으로 출발하여 죽음을 기다리고 있다고 합니다. 한국 민족은 전 민족이 분개하여 살고 싶은 마음이 조금도 없습니다. 미국 내 한국교포의 라디오와 충칭, 우리나라 정부의 전단을 통해, 임시정부가 충칭에서 연합국의 지원을 받아 독립운동을 하고 있다는 사실을 모두 알고 있습니다. 이렇기 때문에 모든 사람들이 기뻐하며 충칭으로 오고 있습니다. 지금처럼 이미 알려진 길로 푸양에서 명령을 기다리던 50여 명과 옛 하구에서 병을 치료하던 4명이 오게 된 것이며, 이후로도 끊이지 않을 것입니다"라고 하였습니다. 이로 보아, 국내 민중은 우리 정부의 정서에 깊이 공감하고 있으며, 그들 가운데에는 다수가 대학 출신으로 모두 우수합니다. 이번에 충성스럽고 용감하게 또한 기꺼이 수많은 험한 난관을 무릅쓰고 온 그들은 오로지 서쪽을 향해 70여 일의 여정을 옷이나 침구 하나 없이 보냈습니다. 또한 다수의 환자들을 구제하는 데 필요한 약이 시급했습니다. 그래서 저희 정부의 경제 여력이 닿는 대로 최대한의 조치를 취했습니다. 다시금 요청드리는 바, 각하께서 안건을 관대하게 보시고 300만 원을 빌려주신다면 위급한 상황을 구제하는 것이며 이는 실로 대단히 감사한 일일 것입니다.

김구 올림

2월 6일

24

한인 류동설 등이 신한민주당 구성

KWCB-0165, 中國國民黨文化傳播委員會黨史館

한국 사람이 류동설 등 신한민주당을 구성했다.

보도에 의하면 현재 류동설이 영도하는 조선민족노동총동맹을 취소하고 민족혁명당을 탈당한 김붕준과 신전언이 새로 신한민주당을 구성하고 이번 달 중순에 공식적으로 발족한다고 선포했다.

홍진(현 한국의정원 의원), 류동설, 김붕준 세 사람이 당의 주석단을 담당하고, 신전언이 상무위원 겸 비서, 김윤서는 상무위원 겸 조직부장, 안원생(원 독립당)이 상무위원 겸 선전부장, 류진동이 상무위원 겸 재무부장을 담당했다.

손두환, 이광제, 신영삼 위원들이 현재 충칭에 있는 한국임시정부국무위원을 반대하며, 한국절령단이 먼저 대표대회를 열고 의정원 및 임시정부를 개편하고 선언하는 등 일련의 의정활동을 펼친다고 주장했다.

또한, 김약산에 의해 신한민주당의 경비 일부분을 국민정부 군사위원회 조사 통계청의 대리 선생님으로부터 받았다. 일전에 신영삼 등이 평양과 상하이로 사람을 보내 정치공작을 진행할 때도 국민정부 군사위원회 조사 통계청으로부터 원조를 받았다.

작년에 한국임시정부가 개편된 후 독립당과 민족혁명당이 타협했지만 실제 작업에는 진전이 없다. 조완구 등이 재정을 독식하여 한국 사람들의 불만이 많다. 신한민주당은 오랜 시간 준비했다. 대부분은 민족 혁명당의 당원들이었다. 김약산에 대해 불만이 있어 탈당하고 새로 정당을 구성하려 한다.

또한 이번 달 초에 적군에서 탈출해 상하이로 온 한국 청년 세 명의 말을 통해 보면 독립당에 대한 불만을 느낄 수 있다.

이상입니다.

비서장께

원쒸쉐溫叔薑 올림

민국 34년 2월 4일

25

한국문제에 관한 중미회담 요점 1

KWCB-0013, 中央研究院 近代史研究所

34년 2월 21일 아동사(亞東司)에서 올림

양楊 국장이 보내온 전보문에서 지시 하달을 요청한 몇 가지 사항에 대한 답변입니다.

양 국장과 미국 측이 갖게 될 회담 요점에 관해 구웨이쥔 대사에게 바로 전보문을 보내 참조하여 처리하도록 하겠습니다.

앞으로 미군이 한국영토에 진입할 때 한국광복군도 동시에 진입하여 합동 작전을 펼치는 것을 윤허하는지, 만약 미국 측이 찬성한다면 미국 측에 조차법안에 따라 한국임시정부를 원조할 수 있는지 문의하십시오.

만약 소련이 참전할 경우, 중국, 미국, 영국, 소련 4개국은 크림회의 선언 중의 유럽해방지역에 관한 각항 원칙을 재고하여 이를 극동의 해방지역에 적용하는 것을 찬성하는지 의견을 물으십시오.

이상 세 가지 점이 합당한지 지시를 내려주십시오, 지시에 따르겠습니다.

우, 후 차관님께 올립니다.

직 린딩핑林定平

한국광복군 중한 양국 협상변법초안

KWCB-0166, 中國國民黨文化傳播委員會黨史館

한국광복군 중한 양국 협상변법초안

한국임시정부는 한국광복군 소속으로서 조국광복을 목적으로 중국 경내에 있는 동안 중국군대와 연합하여 항일 작전에 참가해야 한다.

한국광복군이 중국 경내에서 작전행동 시에는 중국 최고통찰부의 지휘를 받는다.

한국광복군의 중국 경내 훈련과 모집은 중국이 필요한 지원과 편의를 제공하기 위해 양측의 협의를 거쳐 수행된다.

한국광복군의 절충사항은 한국임시정부와 중국군사위원회가 파견한 대표들이 협상하여 진행한다. 중국군사위원회에서는 참모단을 파견하여 광복군과 연락했으며 앞으로 광복군의 작업에 협조할 예정이다.

한국광복군에 필요한 모든 군사비용은 중국이 한국 임시정부에 대출의 형태로 지급한다. 단 광복군의 경비는 중국 군대가 현재 진행되는 규정에 의거하여 중국군사위원회에서 매달 한국임시정부에게 지급한다.

중국의 각 포로수용소에서는 한국 국적의 포로들을 감화시킨 후 한국광복군에게 넘긴다.

한국문제에 관한 중미회담 요점 2

KWCB-0014, 中央研究院 近代史研究所

후스저胡世澤 차관

첫 번째 문제에 관해서는 구웨이쥔顧維鈞 대사가 곧 귀국하기 때문에 전보문을 보낼 필요가 없습니다.

두 번째 문제에 관해서는 양 국장의 53호 전보문에 따르면, 미국은 한국임시정부에 대해 태도를 분명히 하기를 원하지 않습니다. 그러나 원조는 반대하지 않습니다. 알 수 있는바 미국은 한국임시정부에 대해 여전히 희망을 갖고 있는 것입니다. 우리나라 태도와 일치하다고 볼 수 있습니다. 그런 까닭에 더욱더 물어봐야 합니다.

예를 들면 일단 연합군이 한국영토에 진입할 경우, 미국 측은 한국광복군이 동반 진입하여 한국작전을 펼치는데 동의하는지, 만약 동의한다면 우리나라는 적극적으로 한국임시정부를 원조할 것이며 임시정부가 앞으로 한국에서 지도적인 지위를 확립할 수 있도록 원조할 것입니다. 이 점은 양 국장에게 답변하십시오.

세 번째 문제에 관해서는 현재 여론에서 이 원칙이 내정간섭의 혐의가 있다고 다수 인정하고 있습니다. 그리고 소련이 앞으로 이 원칙을 구실로 더 나아가 한국정부를 조종하려 한다면 우리 측과 기타 연합군은 오히려 속박을 받을 수 있습니다. 지금으로서는 언급하지 않는 것이 좋습니다.

직 린딩핑
2월 26일

28

우테청에게 보낸 보고

KWCB-0167, 中國國民黨文化傳播委員會黨史館

어제 김구 주석을 찾아가 군사위원회가 최근 광복군을 지원하는 방법을 수정한 것에 대한 의견을 구했습니다. 그는 참모단이 행한 일들에 대해 불만을 나타냈습니다. 이는 평등하게 대하지 않은 데 대한 표시인데, 과거 광복군이 아무런 성과가 없자 군사위원회의 완전 통제를 받게 되었고, 그들의 언사가 불순하고 태도가 매우 교만한 데 따른 것이었습니다. 본인은 그에게 심사숙고 한 후에 대답해 달라고 인내심을 갖고 완곡하게 요청하였습니다.

그의 표정을 추측해 보건대, 아마도 동의하지 않을 것이며 억지로 이를 강요하면 마지못해 굴복하기는 할 것입니다. 김구 주석은 3일 내로 의견을 주기로 약속하였습니다. 따라서 그때 대표를 파견하여 방문케 하면 될 것입니다. 이때를 기회 삼아 김구 주석에게 사전에 요청한 미국과 한국의 정황을 함께 알려주면 될 것입니다. 이 내용을 주지하고 있는 군사위원회 유 조장 이외에게 보고합니다.

이번 군사위원회가 시행한 일이 크게 두드러지지 못한 상황에서 강제로 체포 구금함으로 인해 결국 한국인들의 반감을 사게 되었습니다. 이것이 날로 심해졌고 한국인의 고집 또한 더욱 강해져 매우 거만해지고 안하무인의 태도가 너무 심해졌습니다. 본인은 이 일을 김구 주석의 동의를 얻지 않고 곧바로 총재에게 보고하였는데, 혹여 김구가 뒷말을 할까 우려하고 있습니다.

또한 만약에 김구가 억지로 동의한다면, 훗날 조금의 호감도 남지 않게 될 것입니다. 설령 의견을 거절한다해도 중국의 체면에 손상을 입을 것입니다. 본인이 생각하기에 이럴 바에는 차라리 현 규정을 없애고 참모단과 연결참모를 군사대표단에 보내 통제하게 해야합니다. 이렇게 한다면 군사위원회의 목적이 달성될 수 있고 한국인의 자존심도 상하게 하지 않으며 동시에 한국인이 거절을 하는 국면을 피할 수도 있을 것입니다. 합당한지 여부를 확인합니다.

29

한국임시정부 군사진행계획

KWCB-0168, 中國國民黨文化傳播委員會黨史館

한국임시정부의 군사진행계획 1945.3.30

---

1. 방침

1. 대한민국임시정부는 조선반도를 점령하고 있는 왜적을 무력으로 소멸하고 독립자유의 국가를 건립하기 위해서 군사력을 조직한다.

동맹군의 작전에 협조하기 위해 모든 종류의 군사력을 즉각 조직하여 육해상에서 적을 공격하여 소멸한다.

2. 즉시 본 계획을 실시할 것이며 아시아 전황의 발전과 더불어 목표에 대해서 압력을 행사한다.

2. 지도요령

3. 한국광복군은 중국군과 협동작전을 진행한다. 동북한인의용군은 동북중국의용군과 협동작전을 진행한다. 한국광복군과 동북한인의용군은 작전을 수행하는 한편 조직을 확대하여 이후 국군의 모체가 될 것이다.

4. 통수부 직속 군사조직기구를 설치하고 한국본토에 간부를 파견한

다. 한국 내에 애국심을 불러일으키고 지하군 조직이 내부에서 공세를 발동하고 민중이 적군에 대한 반항할 수 있도록 지도한다.

5. 난양에서 작전 중인 미군에 간부를 파견한다. 주요 임무는 적군에 몸담고 있는 한인 병사들을 탈출시키고 해군을 조직하는 것이다.

한국군은 태평양작전에 참가하고 있는 미군과 협동작전을 펼치고 해상으로부터 일본본토를 공격하며 조선반도 상륙작전에 참가한다.

6. 이상 제3항과 제5항은 중국, 미국 정부와 교섭한 이후 신속하게 진행한다.

3. 안배와 실시

7. 한국광복군의 전원은 우선 충칭에 집결해서 단기 군사훈련을 받는다. 이후 광복군총사령의 인솔하에 중국 제1전구 혹은 제2전구의 최전선(구체적인 위치는 중국군사당국과 협의)에 배치되어 중국전구장관의 지휘를 받아 협동작전을 수행한다. 총사령부 소재지에는 훈련반을 설치하고 각 전구 전후방에는 모병소를 설치하여 적군 중에 있는 한인 병사들과 내지에서 오는 애국청년을 흡수한다.

훈련반에서 단기 훈련 수행 이후 이들을 광복군의 각 부대에 편입시키고 역량을 강화하여 동북지역에 진출한다. 동북한인의용대와 연합하여 국내 지하군과 통일된 작전을 수행하여 반도 내의 적군을 물리치고 국토를 해방한다.

8. 동북한인의용군의 근거지는 북만주에 두어 한인교포들을 조직 지도하기로 한다. 주력부대를 점차 창바이와 안투 지역으로 이동시키고 안동-봉천, 천보산-도문 철도 주변 지대를 파견하여 적군의 교통 중심

로를 봉쇄한다.

중국군이 동북에 진입하는 동시에 협동작전을 진행하며 한국광복군과 합병하여 한국본토로 공격해 나간다. 소련이 일본을 공격할 경우 협동작전을 진행하여 소련군 먼저 한국본토에 진입하며 지하군과 협력하여 적군을 바다까지 몰아낸다.

9. 난양 해상의 한국군은 조직과 전투력을 확대하여 미군의 협동작전에 참가한다. 미군과 함께 해상에서 직접 일본본토를 공격하는 동시에 일본으로부터 조선반도에 상륙하여 지하군과 밀접한 협력을 진행한다. 북진하는 광복군과 남진하는 동북의용군과 협동하여 반도의 적군을 모조리 소멸한다.

10. 내지(조선내) 지하군은 경성에 비서지휘부를 설치하고 동산, 평양, 나남, 대구 등 적군 병사구역에는 세포조직을 광범위하게 발전시킨다. 적 군사조직을 약화시키기 위해서 적군에 있는 한인 애국분자들을 흡수하여 한국군에 입대시킨다.

한국군의 기본대오를 강원도의 산 중에 은폐시켰다가 광북군, 동북의용군 혹은 해상 한국군의 공세가 시작되기에 앞서 적의 교통선을 차단한다. 경성을 점령한 이후 적군의 남북교통을 차단하고 우군과 협력하여 적군을 소멸한다.

4. 병참보급

11. 광복군의 장비와 급양은 중국정부와 조약을 체결하여 보급받도록 한다.

12. 동북한인의용군의 무장은 기존의 것을 사용하되 부족한 부분은

민간에서 구입하기로 한다. 차후 중국과 소련 정부와 교섭하며 조차조약을 체결해 보급받도록 한다. 군복과 급양은 우선 한인 교민들에게서 징발 보급받도록 한다.

13. 지하군의 장비는 적군의 창고를 습격하여 탈취하고, 적당한 시기에 중미 정부와 교섭해서 비행기로 수송하도록 한다. 급양은 민간물자에서 보급받는다.

14. 해상 한국군의 장비와 급양은 미국정부와 교섭한 이후 조차조약을 체결하여 보급받도록 한다.

5. 통신연락

15. 광복군과 해상 한국군의 통신 연락은 중미 정부와 교섭한 이후 무선전신을 주로 사용하고 우편전신은 부차로 한다.

16. 동북한인의용군과 조선 지하군과의 통신연락은 우선 육로에 설치한 비밀교통선과 적이 설치한 통신기관을 비밀리에 이용하기로 한다. 차후 무선통신을 설정하고 동맹군의 항공기를 사용하여 연락을 취하는 것을 고려한다.

30

김구가 우톄청에게 보내는 서한

KWCB-0169, 中國國民黨文化傳播委員會黨史館

김구가 우톄청에게

톄청 비서장님께 이번 달 4일

「한국광복군을 원조하는 방법」

한국임시정부가 소속한 한국광복군은 조국을 광복하는 것에 목적을 두고 중국에 있을 때 중국 군대의 항일전쟁을 협조해야 한다.

한국광복군의 중국 경내에서의 작전은 중국 최고 총지휘부의 영도를 받아야 한다.

한국광복군은 중국 경내에서 모집 및 훈련할 때 쌍방이 협상하고 중국에게 필요한 협조와 편리를 제공해야 한다.

한국광복군에 관한 사항을 한국임시정부와 중국군사위원회의 대표가 상의해야 한다.

한국광복군에 필요한 모든 군사적 비용은 중국이 한국 임시정부에 차입한 형태로 제공한다. 단 광복군의 경비는 중국군대가 현재 진행되는 규정에 의거하여 중국군사위원회에서 달마다 한국임시정부에게 준다.

중국의 각 포로수용소에서는 한국 국적의 포로들을 감화시킨 후 한
국광복군에게 넘긴다.

위와 같은 6개 항목은 올해 5월 1일부터 시행해야 한다.

김구 올림

27년 4월 20일

사유

광복군을 원조하는 방법을 첨부하여 관련된 기관에 전보를 보내 참
고하여 처리하고 광복군 훈련반을 협조해야 한다.

군사 위원회 사무국의 공함

중화민국 34년 4월 16일

서신 잘 받았습니다.

광복군에 대한 원조방법에 관해 귀 처에서 34년 4월 4일 보낸 제873호 공문은 이미 비준을 거쳐 그대로 진행하기로 하였음을 이미 김구 주석에서 서신을 보내 통보하였습니다. 그리고 이를 5월 1일부터 시행하기로 하였습니다.

한국광복군의 훈련 캠프 조기 개소를 김구 주석께 알려 드릴 것입니다.

광복군 지원계획의 시행일로부터 모든 중국 국적 인력들이 같이 철수할 것입니다.

또한 군정부에게 전문을 보내 군비는 5월 1일부터 제공하고 한국임시정부를 통해서 줄 것입니다.

광복군의 훈련반에 경비 50만 원을 빌려주는 것을 허락하고 협조하는 인력도 이미 보냈습니다.

중앙비서처

주임 허귀광賀国光

한국임시정부 내부 문제 보고

KWCB-0170, 中國國民黨文化傳播委員會黨史館

한국임시정부내부문제보고

떼청 선생이 한국임시정부 내부 문제 관련 보고서 1건을 보내왔습니다. 용건을 적어 삼가 올리니 참고 바랍니다.

삼가 문안드립니다.

한국임시정부 내부 문제 보고서 1건 첨부

예슈펑葉秀峰 올림

4월 26일

김구가 웨드마이어에게 보낸 편지 내용

KWCB-0171, 中國國民黨文化傳播委員會黨史館

김구가 웨드마이어에게 보낸 각서의 내용

국민정부 군사위원회 전용 문건

받은 자께 올림.

지시를 받아 이 공문의 사본을 만든 후 보내드렸다.

김구가 웨드마이어에게 보낸 각서의 내용

정보 1개를 확인하고 참고하시기를 바란다.

이상입니다.

우(우테청) 비서장

정보 1개를 첨부한다. 5월 7일.

미국이 군사적으로 한국으로부터 도움이 필요할 때 직접 한국광복군 총사령과 상의하여 결정할 것이며 중국군사위원회를 거치지 않는다.

군사위원회 위원장의 시종실 드림.

군위회에서 중비처로 보낸 전문식 공문

KWCB-0172, 中國國民黨文化傳播委員會黨史館

군사위원회가 중앙 비서처에게 보내는 전문

3월 14일 충칭기밀 664호 서명 문서는 잘 수령하였다.

이에 매월 2백만 위안을 대한민국 임시정부 보조금으로 증액 지불을 허용한다.

과거의 일들을 상세히 검토하길 바라며, 향후 업무지도를 위한 구체적인 방안을 강구하여 보고바란다.

중정中正

중화민국 34년 4월 12일

한국임시정부 군무부장 김약산과
외무부장 조소앙의 갈등

KWCB-0173, 中國國民黨文化傳播委員會黨史館

한국임시정부 군무부장 김약산과 외무부장 조소앙의 갈등

정보 5월 12일 제 3822호

　　조선민족혁명당 총서기이자 현재 한국임시정부 군무부장 김약산은
본 5월 5일에 한국독립당 집행위원장이자 현재 한국임시정부 외무부장
조소앙에게 엄중한 질문을 하였다. 5월 1일, 김구, 조소앙이 웨드마이
어의 미국 측에 보낸 조회내용과 김구가 김약산에게 보내 동의를 구한
한국어 문건이 서로 같지 않았다. 이 한국어 문건은 "이후 미국이 군사
적으로 한국의 협조가 필요하다면, 한국임시정부 군무부와 논의할 수
있다"였는데, 미국 조회내용에는 한국광복군 총사령부와 논의한다로
되어 있다. 만약 이렇게 된다면, 김약산의 대미 군사외교권은 무의식중
에 이청천의 손으로 들어가게 되는 것이며 결과적으로 논쟁과 보복을
불러올 수 있다. 조소앙은 아직 구체적인 대답을 내놓고 있지 않다.

장위원장이 우테청에 보내는 전문

KWCB-0174, 中國國民黨文化傳播委員會黨史館

장위원장이 우테청에게 보내는 대전

국민정부군사위원회 대전

8월 13일 충칭(34) 기8778호

중앙비서처 우 비서장 보시오

조선 지하군을 조직할 필요가 없다.

일본의 항복 이후 현행 국제 정세에서 한국임시정부를 어떻게 지도할 것인지와 향후 한국 정세에 대한 대응방안을 논의하고 보고서를 상부하라.

중화민국 34년 8월 17일

충칭 소재 한국임시정부 공당분자(공산주의)들의 정부조직 와해 비밀 계획

KWCB-0175, 中國國民黨文化傳播委員會黨史館

충칭에 있는 한국임시정부의 공당분자들은

비밀리에 정부조직을 와해하려는 계획을 하고 있다

중화민국 34년 8월 29일

중앙조사통계국정보

충칭에 있는 한국임시정부의 공당분자들은 비밀리에 정부조직을 와해하려는 계획을 하고 있다

보도에 의하면, 일본이 무조건적인 투항을 한 후, 충칭에 있는 한국 공당분자들은 한국독립에 앞서 한국내 패권을 얻으려고 애쓰고 있다, 충칭에 있는 한국임시정부는 한국'독립당', '조선민족혁명당', '신한민주당', '조선해방동맹', '조선무정부주의총연맹' 등 5개 정당이 연합하여 구성되었다.

현 '민혁', '신한', '해방' 3당은 이미 정식으로 임시정부에서 퇴출되었다. 들리는 바에 의하면 이는 공산당의 음모라고 한다. 시간의 연장을

통해 현재 임시정부를 적극적으로 송환할 수 없게 하고, 소련이 조선을 완전히 통제할 때까지 소련 공산당에 망명한 수만 명이 귀국하여 정부를 조직하고 독립당의 지원을 받아 한국 독립정부를 실패하게 하고 와해시키는 것이 주요 목적이다.

이 문제에 관하여 각 당파의 수장인 김약산, 김규광, 박건웅, 손중환은 부단히 소련대사관, 신화일보 등에 출입하여 비밀리에 활동을 진행하고 있으며 결탁의 조짐이 보인다. (진임126)

해방 한인들의 장 주석에게 대한 감격

KWCB-0176, 中國國民黨文化傳播委員會黨史館

중앙사 신문표제 1945.9.13 (민국34)

"한인들은 해방에 대해 장 주석에게 감격하고 있다. 중한 인민들의 관계는 무척 우호적이다."

해방을 맞은 조선은 장개석 주석의 발언을 신문의 가장 주목할만한 위치에 게재하고 있다. 조선독립을 위해 중국에서 19년 동안 활동해온 허헌이 밝힌 데 의하면 3천만 조선인들은 장개석 주석에게 감격해 하고 있다.

장 주석이 카이로 회의에서 조선의 독립을 강력하게 요구했기 때문에 조선도 오늘의 해방을 맞이할 수 있었다. 조선인들은 장 주석을 존경하며, 중국이 충칭 임시정부에 지원을 아끼지 않았기에 지난 수십 년 동안 일제가 조선에서 반중국 선동을 진행했지만 5만여 명의 화교와 조선인들의 우의는 여전했다.

서울에 살고 있는 6천여 명의 화교는 대부분 산둥과 허베이 출신으로 주로 모피장사와 식당을 영업하고 있다. 현재 서울에는 수백 명의 화교가 중국에 돌아가기를 바라고 있으며 위안스카이袁世凱 시절의 영사관 건물에 임시로 거처하고 있다. 지역 화교 상인들이 이들을 돌보고 있다.

한국 임시정부 최근 상황

KWCB-0177, 中國國民黨文化傳播委員會黨史館

한국임시정부 최근 상황

1945년 9월 15일

一. 9월 12일 중앙일보가 "조선 공화국 정부 구성" 기사를 발표한 이후 바로 민석린을 불러 담화를 가졌다. 그에 따르면 임시정부는 광복군 제2지대장 이범석을 파견하여 미군기에 탑승하여 서울에 입성한 적이 있다고 한다. 그러나 공화국 정부의 구성과 책임자 인선, 그리고 상기 기사에서 주장하는 민주, 사회 양당의 관계에 대해서는 전혀 아는 바가 없다고 한다. 이튿날 민석린은 다시 편지를 보내 아래와 같은 사실을 알렸다. 조선 국내 혁명 원로인 송진우와 허헌, 여운형(기사에서 보다한 노원강의 오역이라고 한다), 김성주, 조만식 등이 국민대회를 소집하고 중경의 임시정부에 급히 귀국할 것을 요구했다고 한다.

二. 일본의 항복 이후 임시정부는 공식으로 문건을 발표하였다. 현재 정책의 제7항에 따르면, 일단 임시정부의 임무인 과도 정권을 성사시키면, 즉시 일체 직권과 모든 문물을 계승할 정권에 돌려준다.

三. 독립당은 기타 당파가 임시정부를 개조 준비하는 것에 대해 시종

관여하지 않는 태도를 취하고 있다. 하지만 현재 형세가 변하여 각 당파는 모두 개조문제를 중시하면서 앞다투어 귀국을 시도함으로써 국내에서 지위를 확보하려 한다.

四. 9월 15일 기재에 따르면 트루먼 대통령께서 말하시기를, 미국은 조선에게 내정과 행정권을 맡길 수 없다. 왜냐하면 조선은 거대하고 통일된 지하조직이 없다. 충칭에는 조선의 임시정부가 있지만 조선의 특정 지역에에 대해 정권을 집행한 적이 없었다. 또한 동맹국 정부에 임의로 승인을 받은 적도 없었다.

현재 상황에 근거하여 판단하면 한국 국내 상황은 매우 혼란스러우며 충칭에 있는 임시정부는 명목상 국내 인민들의 인식하에 있지만, 실제적으로 국내와 아무런 연계가 없으며 영도조직의 역량도 부족하다.

미국은 조선 정책에 대해 아직 구체적인 결정은 없는 듯하다. 현재 비록 일본인 아베 총독의 직권을 정지했지만, 미국인 아놀드에게 위임하여 미군정이 대체한 상황이다. 그러나 단지 한국인의 반감을 완화하기 위해 실시한 조치를 통해 미국이 조선문제에 대한 기본정책을 가늠할 수 없다. 소련의 태도가 어떠한지에 아직 알 수 없으며, 이 또한 고려해야 할 부분이다.

현재 조치와 방법을 비교해보면 아래와 같다.

1. 외교부에서는 즉시 미국 정부와 협상해 카이로 선언을 실행함으로써 조선 독립의 구체적인 방법을 보조한다. 또한 군정 시기 조선의 의견을 처리하여 중, 미 양국의 태도를 일치하게 만든다.

2. 미국의 허가와 함께, 정식으로 인원을 서울에 파견하여 관찰, 연락하도록 임무를 맡긴다. 그렇게 해서 조선의 현재 변화 상황을 일체 밝힌다.

3. 최대한 방법을 만들어 충청에 있는 한국 정부 요인이 신속히 귀국할 수 있도록 협조한다. 귀국 요인에는 응당 독립당과 민진당을 포함하여야 하며 어느 한쪽으로 치우쳐도 안 된다. 우리 군정 인사들과 함께 상하이, 평진, 북동쪽으로 갔다가 서울로 이동할 수 있다.

4. 재서명하여 제출함. 총재는 속히 임시정부에게 경비 5,000만 원을 줄 것을 비준하여 주실 것. (이전에 비준하지 않음)

5. 중앙일보는 서울에 있는 특파원들에게 국내 당파 인물의 배경과 정치력을 조사하고, 언제든지 기밀로 참고하도록 명령했다. 중앙일보 장인중 기자.

6. 정기적으로 각 유관기관을 소집하여 금후 한국문제의 구체적 대책에 대하여 상의한다. 개진하는 의견은 다음 3개와 같다.

    ⓐ 우리나라의 한국에 대한 태도는 미국과 평행하게 일치해야 한다.

    ⓑ 지난 10년간 한국의 정치는 통일된 자치정부를 창출하는 데 어려움을 겪었다. 무조건 동맹국가에 의탁하는 방식으로 잠시 관리해야 한다. 우리나라는 해군이 부족하여 보호할 능력이 안 되기에 우리나라는 미국의 지도에 따라야한다. 또한 소련이 획득하지 못하게 계속해서 병사를 파견해 주둔케 해야 한다.

    ⓒ 독립당과 민혁당 당원 간의 기존 관계를 유지하고 적극적으로 지원해야 한다는 점에서, 현재 민진당, 사회당과 같은 국

내 신당에 대해서도 (어떤 당이든 다자적으로) 연락을 취하여 한국과 중국끼리 우정을 쌓아야 한다.

이상
비서장이 심의함
직 원쑤쉔

1945년 9월 15일

39

미국의 대한정책 변화

KWCB-0178, 中國國民黨文化傳播委員會黨史館

미국의 대한국정책 변화

(중앙일보사, 뉴욕, 12일) 트루먼 대통령의 연설 기자가 인용한 내용에 대해 이야기한 후 그 내용은 전술한 것과 같다.

트루먼은 조선인들에게 행정권을 이양할 수 없다고 믿는다. 또한 필요한 인력이 많지 않아 군정을 즉시 수립할 수 없기 때문에, 일일이 미국과 협력할 수 없다. 가장 이상적인 방법은 일본인에게 행정권을 위임하는 것인데, 만약 일본이 미국과 협력할 수 없거나 최악의 경우가 아니라면 굳이 군정을 수립할 필요가 없다.

조선인들의 미군에 대한 적대 감정으로 미국의 대한정책 역시 급격히 악화되고 있다. 하지 장군은 미군 10만 명이 곧 조선에 주둔할 것이고 그때가 되면 일본인이 장악하고 있는 모든 권한을 박탈할 것이라고 밝혔다.

그러나 현재 조선에 주둔하고 있는 일본군은 20만 명이고 미군은 1만 6천 명인 상황을 감안해서 일본과 불필요한 마찰을 줄여야 한다. 다

만 미군이 위임하지 않은 권한은 일본도 함부로 행사하지 못하도록 조
치할 것이고 또한 군정의 수립도 고려하겠다.

연안 한국독립총동맹이 동북에 전입한 정황

KWCB-0179, 中國國民黨文化傳播委員會黨史館

연안 한국독립총동맹이 동북에 전입한 정황

정보 10월 26일

연안 한국독립총동맹이 8월 하순 동북 진저우로 이동했다.

의용군 1,800여 명이 팡산에 주둔하고 있다.

사령관 박효삼은 한인들에 대해 적화공작을 진행하고 있다.

조선 미점령구의 각 한국 좌익정당 반미활동

KWCB-0180, 中國國民黨文化傳播委員會黨史館

미군 점령구 조선 좌익정당들의 반미활동

최근 9월 말 조선공산당과 조선청년지하저항회는 민중들을 동원하여 미국 군표 사용을 거부했다.

동시에 반미 전단을 배포했는데 그 내용은 전 국민이 단결, 준비하여 외국에 있던 조선인 무장조직이 한국 내에 접근하는 시기에 맞춰 미군에 항의시위를 하자는 것이었다.

조선 국내 자치정부와 인민위원회 설립 관련 정황

KWCB-0181, 中國國民黨文化傳播委員會黨史館

조선 국내 자치정부와 인민위원회 설립 관련 정황

정보 10월 31일

부참2 제 801호

조선 국내 자치정부와 인민위원회 설립 관련 정황

조선 국내 소련군 점령구인 청진, 지안 등의 지방에 최근 자치정부가 수립되었다.

지도자는 조중배(음역)

조씨는 20년간 소학교 교원을 역임했다.

조선 금진성科姆金省 중심 지역에 9명으로 구성된 인민위원회가 설치되었다.

주석 탁안가托安科 씨.

소련 조선좌익정당을 도와 건군 준비

KWCB-0182, 中國國民黨文化傳播委員會黨史館

소련 조선좌익정당을 도와 건군 준비

정보 12월 9일

소련 측의 정보에 따르면 소련 극동군은 조선의 좌익정당들을 도와 군사조직을 건립하여 반미세력을 확대하기로 결정하였다.

1. 조선인들을 도와 새로운 조선 군대를 건립하는 동시에 중공 지휘하에 있는 한인 부대들을 신속하게 조직하여 조선의 국방력을 강화한다.

2. 조선공산당을 도와 좌익 세력을 확대한다.

3. 조선의 각 좌익 조직들의 군사지휘시스템을 통일하는데 도움을 제공한다.

한교가 대한청년단을 조직한 것에 대한 보고

KWCB-0183, 中國國民黨文化傳播委員會黨史館

상하이 주재 한국 교민들이 대한청년단을 조직한 것에 관한 정보 1
건을 보내드립니다.

우 비서장에게 드림

부록 : 정보 1건

강령

① 대한민족의 각성을 촉진하고 새로운 국가를 건립한다. ② 과학을
발양하고 문화 수준을 제고한다. ③ 서로 격려하고 단결한다. ④ 공정한
여론을 불러일으킨다. ⑤ 민의에 어긋나는 야심 찬 정권은 배제한다.

국민정부참군처 보냄

한국임시정부 보조비 증가안

KWCB-0184, 中國國民黨文化傳播委員會黨史館

한국임시정부 보조비 증가안

총재는 한국임시정부의 일상 비용을 300만 원으로 증액하며 비준하였다. 민석린은 언제부터 그리고 어떤 기관이 자금을 조달했는지 물었다. 이전에는 군정부 군수서에서 경비를 조달했다. 4월부터 매월 200만 원을 증가하여 총 300만 원으로 한다.

민국 34년 4월 23일

김구 주석은 본래 경비의 기초에서 매달 400만 원을 증액해줄 것을 요구했다. 이에 총재는 매달 200만 원을 증액하여 300만 원을 지불할 것을 비준했다.

김구의 경비 증액 요구 이유 : 최근 물가가 폭등하여 기존 경비로 도무지 일상 경비를 충당할 수 없음. 매달 400만 원을 증가하여 총 500만 원을 지불해주기 바람.

소련 고로도비코프 장군
한인들과 공산당원의 훈련공작을 책임

KWCB-0185, 中國國民黨文化傳播委員會黨史館

소련 고로도비코프(Gorodovikov) 장군

한인들과 공산당원의 훈련 공작을 책임진다

한국 정보 1건

소련 고로도비코프 장군이 올해 4월 하순 모스크바로부터 치타에 파견되어 한인들과 공산당원의 훈련 공작을 책임지게 된다. 장군은 혼혈이고 극동의 정세에 익숙하다. 주요 훈련방식은 다음과 같다.

한인들을 최대한 해군에 편입시키고 한국에서 공작할 수 있는 특공인원을 훈련시킨다.

치타, 우수리스크, 울란바토르, 예린스키, 타크 등의 지역에 한인 훈련소를 설치한다. 한인들을 조직하여 3개 기병여단, 2개 보병사단, 1개 장갑사단을 구성할 계획이다.

소련의 책동을 받은 중국공산당이 조선에
잠입하여 혁명운동에 종사하고 있다는 정황

KWCB-0186, 中國國民黨文化傳播委員會黨史館

중앙비서실

정중화(鄭忠華)

30년 10월 26일

소련의 책동을 받은 중공이 조선에 잠입하여 혁명운동에 종사하고 있다는 정황

창화 10월 19일 보고에 의하면 소련영사관 상하이 사무소에서 흘러 나온 소식에 의하면 동소련군의 지원을 받은 중국공산당이 조선에 잠입하여 활동하고 있다.

혁명운동에 종사하며 조선의 완전한 독립을 요구하고 있다. 조선혁명운동의 입장을 대변하면서 미소 주둔군의 철수를 요구하고 있다.

동시에 미군이 조선의 조업구역을 관리하는 것에 대해서 반대하고 있다. 조선혁명운동 6개 단체는 공산당을 지지하고 있다.

이들은 우리가 충칭에서 조직한 한국임시정부를 격렬하게 반대하며, 한편 소련의 세력에 참가하거나 합병하는 것도 거절하고 있다. 이들의

목적은 공산당이 조선에서 정권을 수립하는 데 유리하게 하기 위한 것이다.

48

한국문제의 대책

KWCB-0187, 中國國民黨文化傳播委員會黨史館

한국문제의 대책

전고방 1945년 12월 12일

일본은 이미 항복을 선언하였고, 현재 동아시아에서 미소 양국 접촉의 초점이 되고 있다. 한국의 중국과 관계는 일제 강점기보다 현재가 더 밀접하기에 중국은 한국이 완전한 독립을 얻을 수 있도록 반드시 도와야 한다. 그렇지 못한다면 매우 염려스러운 결과에 도달하게 된다. 한국은 현재 미소가 나누어 점령하는 중인데, 그 이념이 다르고 통치 정책이 서로 같지 않기 때문에 이와 같은 상황이 장기간 지속된다면 필시 한국의 내부 분열을 심화시킬 것이다. 중국은 미소가 나누어 점령하는 상황을 해소하지 못한다면, 조기에 한국 독립을 지원하는 일관된 국책으로 대비해 나가는 것이 더 적합할 것이다. 그에 대한 대책은 다음과 같다.

갑. 한국문제를 처리하는 원칙

① 미소를 중재하고 남북의 대립을 해소함으로써 통일을 촉진시킨다.

② 한국의 친미분자를 양성하고 변함없이 독립당을 중심으로 단결을

촉진시킨다.

③ 국내외 한국인의 응집력을 모아 미소의 승인으로 한국에 합법적인 민주 정부가 이른 시일 내에 수립될 수 있도록 촉진한다.

④ 한국 군대 창설을 적극 협조하며 미소 군대가 철수하였을 때 자주적으로 치안을 유지할 수 있게 한다.

⑤ 한국이 행정 간부들을 훈련시키는 데 적극적으로 도움을 주면서 미래 독립을 위해 행정 인력을 확보할 수 있도록 한다.

⑥ 미국, 소련, 영국과 적극 논의하여 카이로 선언 중 '적절한 시기에 조선을 독립시킨다'의 적절한 시기에 대한 명확한 기준을 확정한다. 또한 강화회의나 연합국회의에서 이를 통과시켜 훗날 미소가 철수하는 근거로 삼도록 한다.

을. 현재 마땅히 해야 할 조치

① 김구가 서울에 돌아온 후 정부조직이 완료되었으며, 미국과 소련에게 외교 부문에서 지원을 받아야 합니다.

② 중국 내 모든 한국광복군을 미국과 상의하여 모두 귀국시킨다. 이들은 지역의 치안 업무를 담당할 것이다. 일본군 가운데 한국 국적의 병사를 생포할 경우, 이들을 훈련시키고 한국으로 돌려보내 같은 업무를 부여한다.

③ 한국임시정부의 미귀국 인사들을 최대한 신속하게 차례로 귀국시켜 한국 내 친중 진용을 강화한다(현재 처리 준비 중).

④ 이미 중국 국적을 취득하였거나 중국기관에 일하는 자들을 귀국시켜 광복 사업에 참여할 수 있도록 독려한다.

⑤ 매년 우수한 한국 청년들을 선발해 중앙정치학교나 중앙대학교, 중앙군사학교, 육군대학교에서 학업을 할 수 있도록 허락하여 군과 정치계의 간부로 만든다.

⑥ 군사위원회 위원장과 주한대표단은 미소세력을 중재함으로써 한국 내 친중 인사를 양성하고 한국에 합법적인 민주 정부가 건설될 수 있도록 촉진하는 등 중요한 사업을 해야 한다.

4. 기구 주재와 처리 기술

당 부서가 행정사무와 관련된 일을 직접 처리하던 것을 점차 정부 기관으로 이관하기로 한 육전회의의 결의에 근거하여 한국과 관련한 사무를 외교부로 이관하여야 한다. 만약 정상적인 외교관계가 수립되지 않아 외교부에서 사무를 보는데 어렵다면 당 부서가 나서거나 혹은 공동으로 협력, 처리하여 외교정책과 책략의 불일치나 과실을 피해야 할 것이다.

⑦ 회의를 자주 열고 결정된 사항을 각 유관기관들이 나누어 처리하도록 한다.

(중간 내용은 알 수 없음)

③ 본 기관이나 외교부를 통해 모든 협의 사항들을 한국의 주중대표단과 논의하고 내용을 발설하지 않게 한다.

④ 각 기관은 한국과 관련된 정보(태국과 베트남도 마찬가지)를 수집하는 즉시 본 기관과 외교부에 알려야 한다.

⑤ 한국 대표단이 각 기관과 교섭을 해야 하거나 각 기관이 한국과 협의를 해야 할 경우에는 반드시 본 기관이나 외교부를 통해야 한다.

행정원 산하 전국 한교사무국 설치에 관한 의견 보충

처리 불가 이유는 왼쪽과 같다.

① 외국 교포 보호와 관련한 업무는 외교부에 속한 직무 권한으로 마땅히 외교부가 처리할 수 있다.

② 외교부 동아시아는 원래 일본, 태국과 관련한 사무를 담당하고 있으며 현재 한국으로부터 기관의 독립을 보장받았다.

③ 특수한 양국관계를 고려해 별도의 주관 기관을 설치한다면 외교부 산하에 한국전담관을 두어 처리할 수 있다.

④ 한교 처리를 위해 사무국을 설치하는 것은 임시방편에 지나지 않는다.

⑤ 만일 사무국 설치 이후 한국과 관련된 사무를 모두 처리하게 된다면(가령 한교 사무라는 명목으로 모든 사무를 실제 처리한다면), 미국과 소련의 의심을 살 수 있다.

⑥ 단지 한교 업무만 담당하게 한다면 기타 한국 관련 사무는 다른 기관이 처리해야 할 것이다. 이는 기구의 중복과 사무의 권한이 불일치하는 폐단만 더할 뿐이다.

⑦ 한교에 대한 조사, 분류, 조직훈련, 구제, 귀환 등의 업무는 사무국이 실질적으로 직접 집행할 수 없다.

⑧ 한국이 아직 독립을 선포하지 않았고 중국과 공식 외교관계를 수립하지 않았기에 외교부에서 처리할 수 없다. 그렇다고 행정원 아

래에 국을 설치하는 것이 적절하지 않다.

⑨ 반드시 책임 있는 전담 기구가 한국 관련 사무를 주재해야 한다. 태국과 베트남의 업무처럼 각기 분할해서 논의하는 것은 적합하지 않다.

국민정부 전문식 공문 부군 (의) 자 제979호

중앙비서처 우 비서장이 중국의 대한정책을 면밀히 검토하였습니다. 미소 양국의 군대가 남북을 나누어 점령하고 있는 현 상황에서 국제적으로 중국이 미국과 긴밀히 협조해 주한 미소 군사당국이 동등하게 연락합니다. 중국이 외교적으로 미소 간의 교량역할을 하며 나아가 양자 관계를 활용해 점진적으로 친중 인사를 양성하여 한국 내 각 파벌을 단결시키는 일을 적극 추진토록 하였다. 한국의 경우 임시정부 인사들을 최대한 지원하고 중국 동북과 화중, 대만의 300만 한교들을 확실하게 장악해 훗날 한국과의 외교의 자본으로 삼도록 한다. 따라서 중국은 내정 외교통일을 위해 대한정책을 점차적으로 추진할 수 있다. 이미 군사위원회 위원장 샤오위린을 대표로 수행원과 함께 조선으로 파견되었으며 미소 군사 당국과 연락하여 한국의 실정을 시찰함과 동시에 한국 내 동포들을 도와주고 위로하였다. 또한 차후 중국이 대한 정책을 실시해 나갈 수 있도록 한국에서 갖는 권익 유지 방법을 강구하고 수복 지역의 한교에 대해 검토하였다. 외교부가 신중히 미소 양국 정부의 동의를 구하는 것뿐만 아니라 이에 근거하여 소육린 동지가 한교 사무를 통일적으로 처리하는 기구 설립을 건의했다. 중국 내 적성 한교의 재산으로 한국광복군과 중국의 빈궁한 한교들을 구제하고 귀환하는 비용으로 처리할 수 있도록 한다. 을 84건 이것은 원본을 베껴 적은 것임으로, 회동에서 구체적 내용을 논의했으면 합니다. 중정(34)

민국 34년 월 일

정보(국민정부 참군처가 우톄청에게 보내는) 부군 (의) 제1507호

소련외교인민위원회가 주소련 미국대사관에 보내는 조선 문제 관련 외교문서 내용 1946년 4월 14일 특 16/24.27

상하이 좌익 한인 측에서 밝힌 2월 27일 모스크바의 소련외교인민위원회가 주소련 미국대사관에 보낸 조선 문제 관련 외교문건은 다음과 같다.

1. 현재 조선 내 민주세력을 무너뜨리고 있는 남한 각 당파의 행동은 실제로 미국 군정부의 지지와 지도하에 이루어지고 있다.

2. 소련 정부와 인민은 테헤란, 알타, 최근의 모스크바회의에서 한국 문제와 관련한 결의들을 모두 지지한다. 소련 정부는 미소 양국이 공동으로 협조하고, 한국 인민들이 신속하게 남북 각 정당 민주 인사들의 임시정부가 완성되도록 하여 한국이 분열의 상태에 빠지지 않기를 주장한다.

3. 소련 정부는 현재 한국 내 반소 선언과 모스크바회의를 반대하는 운동은 한국 통일과 독립을 가로막는 기만행위라 생각한다. 이 점을 미국이 좀 더 면밀히 주의해줄 것을 요청하는 바이다.

49

조선 38도선 이북 지역의 각 당파 활동 정황

KWCB-0188, 中國國民黨文化傳播委員會黨史館

조선 38도선 이북 지역의 각 당파 활동 정황

우 비서장 보시오

2월 7일

국민정부참군처 드림

내용

정보 2월 7일

조선 북부 각 당파들의 활동 정황은 아래와 같다.

조선 38도선 이북 인민정치위원회가 평양 일대에서 적화공작을 적극적으로 조직 성립하고 있다. 2~3년 이내에 백만 명 규모의 군대를 훈련시킬 것을 계획하고 있는데 현재 이미 11만 명 규모의 경비보안대를 편성했다. 또한 농민군, 민병대도 적극적으로 확대하고 있다. 조선의 38도선 이남 지역에 비해 산업자산을 가지고 있는 비율이 떨어진다.

조선 38도선 이남 지역 각 당파의 투쟁이 무척 치열하다. 민주당 주석 송진우가 이번 달(1월) 5일 암살당했다. 서울과 평양 등 도시에는 광복군 분자들이 많이 잠입하여 무력 폭동으로 국제사회의 간섭을 촉구할 준비를 하고 있다.

50

조선민족해방투쟁군 왕지반 등
모스크바에서 임무 받음

KWCB-0189, 中國國民黨文化傳播委員會黨史館

조선민족해방투쟁동맹 간부 왕지반과 김학무가 모스크바에서 임무를 받았다

국민정부참군처

우 비서장 보시오

3월 5일

내용

정보

조선민족해방투쟁동맹 간부 왕지반, 김학무, 김원철 등은 2월 중순 한국을 출발하여 모스크바로 향했다. 이들은 특수사명을 가지고 있는데 주요한 임무는 한국 남부의 미군에 어떻게 대응하는가 하는 것과 전체 조선을 적화하는 것이다.

51

뤼순 주재 소련군이 중일한 민단들을
조직 훈련시키는 정황

KWCB-0190, 中國國民黨文化傳播委員會黨史館

뤼순 주재 소련군이 중일한 민단들을 조직 훈련시키는 정황

우 비서장 보시오

3월 9일

국민정부참군처 드림

내용

정보 3월 9일

소련군은 뤼순에서 중국, 일본, 한국 주민들을 조직하여 120개 민단 보좌대를 편성하였다. 한 개 민단보좌대는 100명에서 300명으로 구성 되며 홍군 군관이 훈련을 책임지고 있다. 소련의 목적은 장래에 이들을 귀국시켜 해당 국가 공산당 군대의 핵심으로 배양하는 것이다.

선전학교를 설립하여 중일한 삼국 언어로 학급을 나누어 수업을 진 행한다. 학비는 면제하고 졸업생에게는 일자리를 제공한다.

뤼순항에 전보국電台을 설치하여 아시아의 나라들에 공산주의를 선 전하고 있다.

52

한국임시정부 주화대표단 단장 박순이 중비처에 보내는 서한

KWCB-0191, 中國國民黨文化傳播委員會黨史館

한국임시정부 주중대표단 단장 박순(박찬익) 서신

비루한 자들이(공산당) 점차 난징에 가까워지고 그들이 곧 승리할 것이므로 대표단에서 하던 사무는 유관 대표 민석린이 대리하며 처리할 것임

삼가 여쭈어 드립니다. 대표단이 귀국 정부를 난징으로 옮기고자 하는데, 저 비루한 자들이 곧 이곳으로 들이닥친다고 합니다. 그러니 대표단은 그 일을 잠시 멈추고, 대표인 민석린 동지가 이를 어떻게 살펴 처리하면 좋을지 대신 나서주시기를 바랍니다.

중앙당부
한국임시정부 주중대표단 단장 박순
대한민국 28년
중화민국 35년 3월 31일

소련외교인민위원회가 주소련미국대사관에 보내는 조선문제 관련 외교문서 내용

KWCB-0192, 中國國民黨文化傳播委員會黨史館

소련외교인민위원회가 주소련 미국대사관에 보내는 조선문제 관련 외교문서 내용

1946년 4월 14일

상하이 좌익 한인 측에서 밝힌 2월 27일 모스크바의 소련외교인민위원회가 주소련 미국대사관에 보낸 조선문제 관련 외교문건은 다음과 같다.

1. 현재 조선 민주세력을 무너뜨리고 있는 한국 남부 각 당파의 행동은 실제로 미국 군정부의 지지와 지도 하에 이루어지고 있다.

2. 소련 정부와 인민은 테헤란, 얄타, 최근의 모스크바회의 중 한국문제와 관련된 결의들을 모두 지지한다. 소련 정부는 미소 양국이 공동으로 협조하고, 한국 인민들이 신속하게 남북 각 정당 민주 인사들의 임시정부가 완성되도록 하여 한국이 분열의 상태에 빠지지 않기를 주장한다.

3. 소련 정부는 현재 한국 내 반소 선전과 모스크바회의를 반대하는 운동들이야말로 정말 한국 통일과 독립을 가로막는 가장 흑암의 세력

이라고 생각하며, 이 점을 귀국(미국)이 좀 더 면밀히 주의해줄 것을 요청하는 바이다.

우 비서장 보시오
4월 14일
국민정부참군처 드림

조선공산당, 사회당, 노동자연맹당
단대표대회 결의 내용

KWCB-0193, 中國國民黨文化傳播委員會黨史館

조선공산당, 사회당, 노동자연맹당 단대표대회 결의 내용

결의

① 노동조직을 강화하고 각 민주당파들이 반파시스트행동위원회를
연합 조직하여 이승만 세력과 투쟁해야 한다.

② 반동무장해방위원회를 건립해야 한다.

③ 일본 전범과 한국의 파시스트 친일분자들을 체포하고 징벌해야
한다.

우 비서장 보시오

4월 8일

국민정부참군처 드림

정보

조선공산당, 사회당, 노동자연맹이 4월 1일 평양도의 비밀지점에서

당단대표자회의를 소집하여 지주와 상층계급에 대한 연합행동을 상의
한 것으로 알려졌다. 상세한 내용은 아래와 같다.

노동자조직을 강화하는 동시에 각 민주당파와 연합하여 반파시스트
행동위원회를 조직, 건립한다. 목적은 김구, 이승만, 김규식 등 당파와
경쟁하는 것이다.

'해제반동 무장 위원회'를 설립하여 각 당 대표를 위원으로 추대하고
한국의용군 총부대표 왕자추를 주임위원으로 추대한다. 일본 교비무장
을 해제하고 한국 무장을 정리, 개편한다. 일본 전범과 한국의 파시스트
친일분자들에 대해서 체포하고 징벌한다. 우선 대상은 조선 미군정이
전범이 아니라고 판단한 자들이다.

55

한국 북부 공산당 외곽조직 동향

KWCB-0194, 中國國民黨文化傳播委員會黨史館

한국 북부 공산당 외곽조직 동향

우 비서장 보시오

7월 19일

국민정부참군처

내용

1. 한국 북부 민주연맹의 각 당과 단체들은 6월 25일 평양에서 연석
회의를 소집하였다. 회의는 완전히 공산당이 주도하였으며 한국 남부
에 행동강령을 하달시켰다.

　　① 즉시 남부 노동자들을 무장하여 공농자위군을 조직한다.

　　② 남부 미군정이 노동자, 농민, 지식인, 민주인사들에 대한 고
　　　　압적 수단에 반항한다. 한국의 남부에서 민주를 말살하는 미
　　　　군의 제도를 즉각 철폐한다.

　　③ 모든 민주조직을 강화하고, 남부에 주둔 중인 미군 내부에서
　　　　선동을 진행한다.

④ 모든 지주계급의 특권을 소멸하고 한국국민(공민)들은 일률적으로 평등하다는 것을 선전한다.

2. 공산당 한국 남부 총지부는 7월 1일 농업노동자국을 설립하였다. 각 도에는 공국을 설립하고 각 현에는 지국을 설립하여 각 도와 현의 농민협회와 연락을 가진다. 주요 목표는 고농(고용된 농민)과 빈농, 중층 민중들을 쟁취하고 이들을 기반으로 농민당과 경쟁하는 것이다.

56

소련극동정치국 한국공산당을 이용하여
남한 미군정 점령을 반대하는 것에 관한 정황

KWCB-0195, 中國國民黨文化傳播委員會黨史館

소련극동정치국 한국공산당을 이용하여

남한 미군정 점령을 반대하는 것에 관한 정황

우 비서장 보시오

11월 4일

국민정부참군처군무국 드림

내용

한국 점령 미군의 반공 태세에 대비해 소련극동정치국은 한국 내의 공산당에 비밀명령을 내려 선동선전원과 유격대 영수들이 아래와 같은 세 가지 중요한 임무를 완성할 것을 명령했다.

대규모의 반미운동을 발동한다. 선동선전원은 각지에서 연설을 통해 한국 민중들의 반미정서를 자극하고 농지를 점령하고 시설물을 설치한 미군의 행위를 반대한다.

한국의 농민과 노동자들을 조직하여 대규모의 반미운동을 추진하고

유격대와 소란대를 편성한다.

한국 각지에서 정치투쟁 민간단체와 위원회를 조직한다.

이상의 각항 공작들이 완성된 이후 대규모 파업시위와 무장폭동을 일으킨다. 이러한 추세를 대규모 무장시위를 포함한 혁명의 수준으로까지 발전시킨다.

한국 대표단이 국부참군처 군무국에 보내는 전보

KWCB-0196, 中國國民黨文化傳播委員會黨史館

한국 대표단이 국부참군처 군무국에 전보

주중 한국임시정부대표단 11월15일 무산경 전보

을건

참고 바람

우 비서장

첨부내용

내부 소식에 의하면 선양 동북판사처 전보를 받았다. 동북행원 정치위원회에서 사람을 직접 보내 보고하기를 한국 교민 신숙 등은 난징으로 떠나 동북한교총회의 명의로 장 주석에게 깃발을 헌납할 계획이다. 이에 특별히 주의해야 할 것이며 모든 한교사무는 한국 대표단에서 통일 관리할 수 있도록 해야 한다.

국민정부참군처 군무실

11월 21일

조선 반파시스트청년대동맹 화중지단 건립

KWCB-0197, 中國國民黨文化傳播委員會黨史館

조선 반파시스트청년대동맹 화중지단 건립

우 비서장 보시오

11월 25일

국민정부참군처군무국 드림

내용

최근 중국공산당 화중국의 협조를 받아 조선반파시스트청년대동맹
화중지단이 건립되었다. 목적은 화중 지역에서 활동하고 있는 조선해
방연맹과 일본해방연맹을 연합하여 대동맹을 결성하고 중공 화중국의
반파시스트 역량을 강화하며 신사군을 도와 일본기술청년들을 흡수하
는 것이다.

이 조직의 구성원은 아래와 같다. 전 한국청년병사해방단 : 겸임서기
허광신, 김서영, 이광평, 김난수, 유건인, 장노생(이상 두 사람은 대만적) 7
인을 단원으로 한다. 김서영은 서기를 겸임하고 일본인민반파시스트연
맹의 책임자를 담당했던 일본인(츠다 아키, 미야모토 데쓰하루, 와타나베 아키

라, 히야시 카즈오, 나카타 로) 5명과 중국공산당 판한녠潘漢年을 고문단으로 위촉한다. 판한녠은 고문단 단장을 맡는다. 현재 이 조직은 중공 화중국의 간접적인 영도를 받고 있으며 적극적으로 상하이 소련영사관과 관계를 건립하고 활동을 진행하고 있다.

59

한국공산당 신숙, 고문룡 등 난징 활동 정황

KWCB-0198, 中國國民黨文化傳播委員會黨史館

한국공산당 신숙, 고문룡 등 난징 활동 정황

우 비서장 보시오

11월 27일

국민정부참군처군무국 드림

내용

남한과 동북에서 활동한 적이 있는 한국공산당 인사 신숙과 고문룡 등이 11월 23일 아침 난징에 도착했습니다. 장관님에게 깃발을 올린다는 이유를 빌어 공산당 활동을 벌이고 있습니다. 이들의 이전 활동과 난징에 오게 된 경위에 대해서 보고드립니다.

신숙과 고문룡은 동북보안사령 한교사무처 전임 처장 왕일서王逸曙[*]의 측근들이다. 또한 왕일서는 조선민족혁명당 당수인 김약산이 가장 신임하는 능력 있는 간부이다. 왕일서와 신숙은 상호 결탁하여 선양에

---

[*]　역자 주―왕일서는 김홍일의 중국식 가명

서 '한국교민총회'를 건립한 적이 있다. 목적은 교민총회의 이름으로 더 많은 좌익분자들을 끌어모아 세를 형성하고 중한관계를 교란하기 위한 것이다. 이후 동북행원은 이들이 공산분자들과 함께 활동하고 있다는 것을 발견하고 교민총회를 성립하겠다는 요구를 묵살하고 비준을 거절했다.

왕일서, 신숙, 고문룡 등은 자신들의 동북에서의 활동이 탄로 났다는 것을 감지하고 방향을 바꾸어 상하이에 있는 무리들과 접선을 시도하고 있다. 중국공산당과 연락하여 활동을 추진하고 있는데 예전과 똑같은 수단인 '교민총회'를 건립한다는 빌미로 조선에 잠입하려 하고 있다. 이런 활동은 한국주화대표단 단장 복순에게 포착되었으며 편지로 난징 주재 대표단 책임자 민석린에게 보고되었다. 난징주재 주화대표단 측에서는 2, 3일 이전에 이상의 경과 보고서를 우리나라 정부에 보고하고 각 부처들에 주의할 것을 당부했다.

왕일서, 신숙, 고문룡은 확실히 동북에서부터 남쪽으로 잠입하였고 특히 신숙과 고문룡은 23일 아침 이미 난징에 도착했다. 이들은 주화대표단 측에 연락하여 수일 내에 장관님에게 깃발을 바쳐 경의를 표하고 청원할 것이라고 밝혔다.

고문룡은 현재 동북한국교포민대표단 요북성사평한국교민회 회장직을 맡고 있다.

한국공산당이 남부 노동자와 농민들을 선동하여 노동총동맹에 가입시키는 정황

KWCB-0199, 中國國民黨文化傳播委員會黨史館

한국공산당이 한국 남부 노동자와 농민들을 선동하여 노동총동맹에 가입시키는 정황

우 비서장 보시오

11월 28일

국민정부참군처군무국 드림

내용

한국공산당이 남한에서 진행하고 있는 선동적인 선전과 분화공작이 중대한 효과를 나타내고 있다.

통계에 의하면 한국공업단체협회와 일본기술조직의 노동자와 직공회의 64퍼센트 인원이 비밀리에 이미 "노동총연맹"에 가입했다. 그중 고급기술자 307명은 공산당의 보호 하에 북조선으로 넘어갔다. 또한 공산당이 발동하는 임시입법회의 반대 운동도 남한 각지에서 신속하게 전개될 전망이다. 이 조직은 남한 내 중립성격의 노동자(노공)연맹과 독립공회의 지지를 받고 있다.

상하이 공산당이 비밀리에 중한혁명동지회를
조직한 정황

KWCB-0200, 中國國民黨文化傳播委員會黨史館

상하이 공산당이 비밀리에 중한혁명동지회를 조직한 정황

우 비서장 보시오

11월 13일

국민정부참군처 드림

내용

정보 11월 13일

우리 정부가 재중국 한국 교민들을 집중적으로 관리한다는 명령을 내린 이후 상하이 공산당은 비밀리에 "중한민주혁명동지회"를 조직했다. 11월 15일 하(합)동청사에서 긴급회의를 소집하고 결의를 통과시켰는데 상세한 내용은 아래와 같다.

중국 국내 정치, 사법제도의 변화에 잘 적응하고 처리하기 위해 중공 상하이시위원회의 통지에 따라 금후의 행동은 더 엄밀한 지하활동 방식을 취하기로 한다. 최근 중국국민당은 본회에 대한 감시를 강화했는데 이에 경계를 높여야 하고 테러수단을 재고해야 한다.

오늘 이후 본회의 동지들이 체포되더라도 절개를 지켜 조직의 비밀을 수호해야 한다. 소규모 조직을 건립하고 간부들의 정치 수준을 재고시키며 조직 활동을 강화해야 한다. 시급히 본회 사무실과 본회와 특수한 관계를 유지하고 있는 기술인원들을 소북 중공 근거지로 전이시켜야 한다.

중공 상하이시 당국과 연락하여 이들 인원들이 상하이로부터 근거지까지 순조롭게 이동할 수 있도록 협조를 요구한다.

62

이승만 박사가 미국에서
한국독립을 호소한 것에 대한 성원

KWCB-0201, 中國國民黨文化傳播委員會黨史館

이승만 박사가 미국에서 한국독립을 호소한 것에 대한 성원

중한관계 전문 당안(4) 한국잡권(雜卷) 1946년 12월 20일

---

1. 서언 저자 민석린

한국 독립운동의 영수인 이승만 박사는 조국독립과 민족해방을 위하여 70세의 고령에도 불구하고 장도를 달려 12월 8일 미국에 도착하여 미국 및 연합국회의를 향해 아래와 같은 요지의 성명을 발표했다.

一. 미소 양군이 한국 남북을 분할하여 점령한 것에 대한 실정을 철저히 폭로한다.

二. 한인의 정의로운 주장을 발표한다.

三. 합리한 요구를 제기한다.

이상의 3가지 요구는 한국 3천만 명 동포를 대표하는 성명이다. 전체 재중국 한국 교민들은 조국의 독립을 절실히 갈망하며 민족의 진정한 해방에 대한 열정으로 이상의 성명에 찬성을 표시하며 성원을 보낸다.

2. 한국은 유구한 역사와 문화를 가진 국가로서 독립자주의 자격이 있다고 확신한다

한국은 4,000여 년의 유구한 역사와 찬란한 문화를 자랑하는 동방의 고국이다. 고대문명의 위대한 업적은 차치하더라도 현재 한국의 독립 기본조건을 주장하자면 아래와 같다.

　一. 단일민족

　二. 통일된 언어와 일치한 풍속 습관

　三. 고유문자의 보급과 통일

　四. 예의와 도덕이 기타 민족에 비해 손색이 없다

이상의 4개 기본조건은 세계의 그 어떤 국가나 민족이 나라를 건립함에 있어서 반드시 갖추어야 할 우수한 조건이다. 우리 한민족은 이러한 우수한 조건을 바탕으로 천여 년간 독립국가로 존재해왔으며 이후 천년, 만년도 독립 자주할 수 있을 것으로 믿어 의심치 않는다. 비록 지난 36년간 일제의 침략을 받아왔지만, 우리 민족은 결코 손 놓고 당하기만 한 것이 아니다. 국내외의 혁명세력이 봉화처럼 타올랐고 40여 년을 하루와 같이 피를 흘리면서 저항을 해왔다. 일제가 비록 다양한 수단과 억압정책으로 한국의 망국과 민족의 멸종을 시도했지만, 우리 한민족은 여전히 고유한 역사와 문화를 보존할 수 있었다. 이런 정신은 우리 한국이 확실히 독립 자주할 수 있는 조건과 자격을 갖추었다는 것을 증명하며 이는 전 세계가 부인할 수 없는 엄연한 사실이다.

역사적으로 한 민족의 흥망은 세계 다른 나라의 사례에서도 쉽게 찾아볼 수 있는 현상이다. 한국은 역사의 홍수 속에서 비록 일제의 침략을 받아왔지만, 해방 이후부터 지금까지 독립의 조건과 자격을 잃어버린 적이 없다. 한국의 독립과 자주는 지극히 당연하고 합리한 요구이다. 만약 그 어떤 강대국이라도 객관적이고 명확한 한국의 독립조건을 부인하고 주관적으로 강압을 가한다면 그것이야말로 무리한 침략행위이다. 우리 민족은 비록 잠시의 굴욕을 당하고 있지만, 이것이 결코 세계의 공리라고 생각하지 않는다.

3. 카이로 회의의 약속은 어디에 있고 미소 양국의 해방목적은 또 무엇이었던가?

지난 40여 년간 국내외에서 싸웠던 독립운동가들과 우리 3천만 겨레의 소망은 바로 선혈과 생명으로 조국독립과 민족해방을 쟁취하는 것이었다. 따라서 우리의 동포들이 동맹국의 전장에서 활약한 이들도 부지기수였고 이는 카이로 회의에서의 약속과 미소 양군의 해방전쟁까지 이어지게 되었다. 이에 대해 우리는 수확의 성과와 예상 밖의 은전을 실감하고 있다. 당시 우리 3천만 동포들은 중미소 3거두와 미소 양군의 성의에 충심으로 고마워했고 이것이 바로 세계와 인류의 정의요 도덕의 상징이라고 굳게 믿고 있었다. 그러나 한국이 일본의 통치 하에서 벗어난 지 일 년이 지난 현재의 상황을 살펴보면 국내의 형세가 원래 기대했던 독립자주의 사실과는 거리가 멀어 보인다. 현재의 상황은 다만 미소 양군이 남북을 분열 점령하는 것으로 일본의 점령을 대체했을 뿐이고, 미소 양 세력의 대립이 일본의 세력을 대체했을 뿐이다. 이것은 바로 전 세계가 다 알고 있는 사실이다. 본인은 바로 이러한 실제 상황을 감수하면서 카이로 회의의 약속은 어디에 있으며 미소 양군의 해방목적은 과연 무엇인지 회의를 느끼지 않을 수 없다.

4. 한국의 현황

우리는 미소의 의도를 의심하려고 해서가 아니라 현재 한국의 상황을 간략하게 설명함으로써 그러한 의심을 가질 수밖에 없는 이유를 밝히려고 한다.

A. 북위 38도선을 확정함으로써 한국에 국경이 아닌 국경이 생기게 되었다

한국 해방을 전제로 미소 양군은 한국의 남반부와 북반부에 각각 출격하여 일본군을 몰아냈다. 우리는 이러한 상황이 군사상의 협력에 필요한 잠정적 행동이라는 것을 충분히 이해한다. 그러나 일본군이 철수한지 일 년이 지난 현재 미소 양군은 38도선을 기준으로 서로 초소를 설치하고 경계를 강화하고 있는데 그 경비태세는 완연히 국경을 수비하는 수준인바 한국의 땅 위에 국경이 아닌 국경이 만들어지고 있다. 경비선 남북에 격리되어 있는 부모자식과 형제자매들은 편지가 오갈 수 없고 얼굴을 볼 수 없는 관계로 생이별을 겪고 있다. 심지어 경계선을 모험적으로 넘나들다가 불행한 비극이 비일비재로 발생하고 있는데 이러한 사실은 수많은 사람들이 알고 있고 감출 수 없는 현실이다. 이것이 과연 해방이 가져다준 은혜인가?

한국은 원래 빈약한 국가인 데다 지난 수십 년간 일본의 착취까지 받았다. 더욱이 지금은 국경이 아닌 국경선이 생기면서 남북의 물자가 교류할 수 없게 되어 공상업에 큰 장애가 생기면서 인민의 생활 역시 유지하기 어렵게 되었다. 이것 역시 해방의 은혜라고 할 수 있는가?

B. 인위적인 불통일

한국은 본래 단일한 민족국가로써 전국에 대립세력이 존재하지 않았다. 그러나 미소 양군이 남북을 분할 점령한 이후부터 각자 자신의 정치철학을 실험하기 위해 세력을 키웠고 시간이 흐름에 따라 불행하게도 한국 내부에도 점차 대립세력이 등장하기 시작했다. 이는 부인할 수 없는 사실인데 이러한 상황은 한국의 미래에 당연히 불행일 뿐만 아니라 세계의 평화에도 커다란 걸림돌이 될 것이다. 객관적인 입장에서 보면 실로 우려스러운 상황이다.

C. 수많은 군대를 주둔시키는 것은 무슨 이유인가?

한국은 몹시 빈곤한 나라이다. 현재의 국력으로 따지면 10만 명의 군대도 감당하기 어려운 상황이다. 그러나 신문기사에 따르면 현재 북한에 주둔하고 있는 군인의 수는 25만 명에 이른다고 한다. 비록 이들 군인들의 급양은 모두 본국에서 제공한다고 하지만 한국인들의 풍속에 의하면 손님에게 아무런 접대도 하지 않는 것은 있을 수 없는 일이다. 이러한 상황에서 인민들의 생활이 영향받는 것은 피할 수 없는 현실이다. 그렇다면 현재 일본군이 철수한 상태에서 수많은 군인을 주둔시키는 것이 무슨 필요가 있는가?

D. 일본과의 비교

일본은 침략 국가이기 때문에 동맹군이 점령하고 있는 것도 당연한 일이다. 그러나 일본의 국토는 완정하고 정부 역시 건재하고 국내에는 대립세력이 존재하지 않는다. 심지어 미국의 방대한 물자지원까지 받고 있다. 반대로 한국은 결코 침략 국가가 아니지만 현재 국토가 절단되는 벌을 받고 있으며 통일된 정부를 수립하지 못하고 있다. 대신 국내에는 대립세력이 창궐하고 경제가 파탄 나고 인민들이 도탄에서 허덕이고 있다. 이런 열악한 상황은 패전국인 일본에 비교하면 구름 안과 밖의 차이만큼 느껴진다.

우리는 절대 미소의 호의를 악의로 해석하려는 것이 아니다. 또한 절대 반미친소 혹은 반소친미의 어느 입장에 기울어서 모든 문제를 해석하는 것도 아니다. 우리는 지극히 제3자의 객관적인 입장에서 동맹국의 인사들과 함께 현재 한국의 형세에 대해서 검토하고자 한다.

해방 1년이 지난 현재 한국 인민들이 자신의 국토에서 자유 왕래할 수 없다면 그 욕망이 만족되었다고 할 수 있는가? 만약 분열된 대립세력들이 장기적으로 존재한다면 한인들은 망국멸종의 위험을 깊이 느낄 것이다. 이상의 여러 가지 현실적 상황들은 한인들로 하여금 카이로 회의와 미소 양국의 진심에 대해 의심하지 않을 수 없게 만든다.

5. 한인의 소원

만약 미소 양국이 한국의 해방과 독립에 대해 진심으로 성의를 가지고 있다면 우리가 제기하는 아래의 요구사항들이 신속하게 현실화되기를 바란다.

① 한국 내의 국경이 아닌 국경을 취소하라.
② 미소 양군은 동시에 철수하라.
③ 한국인들의 민의에 기반하여 수립된 통일 민주정부는 그 어떤 외래 세력의 간섭을 받지 않는다.

④ 한국인민들이 자기의 운명을 스스로 결정한다.

⑤ 한국 인민들은 워싱턴이 영도했던 미국 독립운동의 고난한 역사를 존중하는 동시에 소련 레닌혁명운동의 위대한 공적 역시 숭배하고 있다. 따라서 미소 양국도 한국 인민들이 수십 년 동안 독립운동을 위해 흘린 피의 가치를 존중해주기 바란다.

⑥ 한국을 연합국 회원국으로 초청하여 세계평화사업에 참여시킨다.

6. 결론

오늘의 한국문제는 절대 한국 자체의 단독문제가 아니라 세계평화와 갈라놓을 수 없는 문제이다. 한인들은 해방 후 14개월 동안 두 가지 철학의 실험 하에서 그 고초를 맛볼 대로 맛보았다. 결과적으로 현재 극도로 지친 상태에 처해 있으며 더는 감당하지 못할 상황까지 와있다. 주중국 대표단과 각지의 한국 교민협회는 전체 교민들을 대표하여 워싱턴에 전보를 보내 이 박사의 호소를 성원하는 동시에 본문을 통해 세계 약소민족과 평화를 사랑하는 사람들의 동정을 바라고자 한다.

12월 20일.

한국독립당 동북당 업무의 발전 근황

KWCB-0202, 中國國民黨文化傳播委員會黨史館

한국독립당 동북당 업무의 발전 근황

한국 국내소식

본 월 18일 국내 방송 소식에 따르면,

서울 미군정은 선포하였다 — 내년 3월에 한국 자치정부를 조직하기로 결정하고 현 한국 인사가 정부를 조직 준비하는 것에 대해 우선 입법기구를 조직하고 헌법 초고를 작성하며 입법기구위원회는 정부에서 30명으로 지정, 민간에서 30명 지정하여 공동 조직. 일단 업무가 끝나면 정부에서 지명한 30명에 대해 재차 인민 선거하여 한국 자치정부 성립 후, 군정이 즉시 철거하며 고문단 조직업무에 협조. 소련은 비록 한국 정부조직에 관한 일에 참여하지 않았지만, 미국은 의연히 소련과의 회의에 힘쓰며 한국통일실현과 독립완성에 노력을 가하고 있다.

대한민국임시정부 재중 대표단

해방 후의 조선 정치

KWCB-0203, 中國國民黨文化傳播委員會黨史館

해방 후의 조선정치

한국 국내 소식 정언버曾恩波(중앙사 주 조선 특파원)

서울 주재 미 군정은 내년 3월에 입법기구를 설립하고 헌법을 제정한다고 선포했다. 입법기구는 정부에서 추천한 인사 30명과 민간에서 선출한 인사 30명으로 구성된다. 한국 자치정부 수립 이후 미 군정은 즉시에 철수한다. 미국은 한국 정부의 수립에 참여하지 못한 소련의 입장을 고려하여 소련과의 소통을 강화할 것이고 한국 통일에 관한 약속을 실천하기 위해 노력할 것이다.

대한민국임시정부 주화대표단

한국공산당 전민정부를 조직하기 위해 기획 준비

KWCB-0204, 中國國民黨文化傳播委員會黨史館

한국공산당 전민정부를 조직하기 위해 기획 준비

우 비서장 보시오

2월 8일

국민정부참군처군무국 드림

내용

정보 2월 8일

북부 한국임시정부 수뇌 김일성, 백두봉(노동당 영도인)은 전한국공산운동의 통일발전을 실현하기 위해서 지난해 남한의 사회노동당과 긴밀한 협력을 시도했다. 협상을 거친 이후 양당합작연맹은 1947년 정월에 한국남북노동당과 사회노동당이 평양에서 "전한국대표위원 축하회"를 소집할 것을 결정했다. 회의는 소련 군정 인사도 초청하였고 김일성, 백두봉, 여운형 세 사람이 "전한국민중선언"을 발표하고 전국통일운동을 호소했다. 회의에서는 "한국전민대표정부"를 기획 조직할 것을 결의했다. 목적은 새 정부의 명의로 연합국과 교섭하고 한국해방운동을 완성하는 것이다. 이상 활동은 백두봉, 김일성, 여운형 3거두와 모스크바계 수뇌 김강, 이근식, 백영순 등이 적극적으로 추진한 것이다. 김일성은 이미 소련군 정치부와 소련 정부, 심지어 코민포름의 동의를 확보한 상태이다. 즉 새 정부를 조직하는 과정에서 우선 연합국과 교섭을 벌인다. 평양노동당이 새정부준비위원회를 구성하기 위해서 남한의 각 정당과 사회노동당 중의 중간인원을 초청한다. 2월 중순 정도 되면 계획이 대부분 완성되고 소련 측은 연합국에 교섭하여 남한의 각 "민주"계 당파들이 새 정부의 필요성을 심각하게 인식하고 있으므로 지지해야 한다고 주장한다.

66

중비처에서 관린징關麟徵에 보내는 서한

KWCB-0205, 中國國民黨文化傳播委員會黨史館

중앙집행위원회 비서처 문고

고문 2월 18일 11시

본 서한

방금 받았음.

총재께서 한국 주미 대표단에 내린 건의 : 한국은 정치 간부 1천 명을 훈련시켜줄 것을 요구했다. 이들을 갑정병 사단으로 양성하여 금후 건군의 기간부대로 사용할 것이다. 우리나라의 한국 정책을 살펴보면 약소한 자를 돕는 방침에 부합하기 때문에 적극적으로 원조해야 할 것이다.

우리 당은 일찍이 광주시대부터 황포군관학교와 중산대학에 한국 학생을 받아들였다. 현재 한국 혁명간부 중에서 우리나라 교육을 받은 인사들이 적지 않다. 한국이 정치 간부 1천 명을 훈련시켜달라는 요구가 가능한지 조사 후 회답 바란다.

중앙집행위원회 비서처

67

북한 정황 보고서

KWCB-0206, 中國國民黨文化傳播委員會黨史館

북한 상황보고서 민국 63년 2월 28일

일본이 항복 후 얄타회의에 근거하여 한국을 두 개 구역으로 즉 위도 38도를 국경 기준으로 남부는 미군이 점령하고 북부는 소련군이 점령함으로써 한국은 완전히 미소 양국의 세력 각축장(세력을 겨루는 장소)으로 되어 버렸다. 미소 양국이 한국에서의 각축은 그들도 믿듯이 절대 안전한 것은 아니므로 그들은 수차례 한국을 독립 국가로 만든다고 성명하였다. 한번은 1946년 6월에 모스크바에서 거행한 3상회의(2차대전 기간 그리고 전쟁이 끝난 초기에 미, 소, 영 삼국이 독일과 국제적 문제를 해결하기 위해 진행한 회의)에서는 한국 경성에서 미소연합위원회를 거행하여 임시정부를 건립할 것을 계획하였다. 그러나 6주일간의 담판은 실패로 끝났다. 실패 원인은 미소 양국이 한국 정책에 대해 동일한 입장을 갖지 않았으며 소련은 늘 한국이 공산권의 국가가 되길 바랐다. 그러나 한국은 반소의 근거지가 되지 않았고 소련이 동아시아를 침략하는 병점기지도 되지 못했다. 그래서 소련은 회의에서 미국이 제기한 통일행정방안이 한국에서 공산 제도 건립을 위협한다고 거절을 하였다. 그들이 점령한

북부 한국에서 외부인의 출입을 완전히 거절함으로써 소수의 좌익분자가 공산제도를 실행하도록 하였다.

1. 각 정당과 사회단체

과거에 북한은 4개의 정당 즉 '조선공산당', '조선신민당', '조선민주당', '천도교청우당'이 있었다. 조선공산당은 소련을 통해 온 김일성을 대표로 한 국제공산당 계열이었고 조선신민당은 연안을 통해 온 김두봉 및 김무정을 수장으로 한 중국공산당 계열이었는데 본 당은 주의(사회제도, 체제)와 노선이 동일하여 작년에 하나로 합쳤으며 이름을 조선노동당으로 정하였고 김두봉을 수장으로 소련의 제5군을 쫓아내는 것을 사명으로 하였다. 조선민주당 시기 조만식을 수령으로 민족주의 정당을 이루었다. 작년에 조만식은 모스크바에서 열린 3상회의에서의 신탁 결정에 대해 반대를 표시하여 공산당의 배척을 당하였으며 현재 평양에 감금되어 있으며 동시에 숙청을 실행함으로써 당내 민족주의를 몰아내고 새로운 공산당원인 최용건을 수령으로 하였는데 이는 사실상 공산당 익명翼名과 동일한 신분이다. 다음으로 천도교 청우당은 천도교도를 중심으로 한 정당으로 다수의 민족주의자를 포함하고 있지만, 현실적으로 단독 행동을 진행하기 어려우며 시종일관 공산당의 지도하에 정치를 실행한다.

아래에 북한의 정당 및 사회단체 이름과 책임자를 열거한다.

조선노동당 : 김두봉

조선민주당 : 최용건

천도교청우당 : 김달현

북조선직업총동맹 : 최경덕

북조선농민동맹 : 현칠종

북조선민족청년동맹 : 김옥진

북조선문학예술총동맹 : 한설야

북조선공업기술총동맹 : 이병제

북조선소비조합 : 유의창

조・소문화협회 : 이기영

북조선민주여성동맹 : 박정애

조선애국문사후원회 : 김창만

북조선보건연맹 : 최응석

북조선 인민교육후원회 : 장종식

북조선불교연맹총무원 : 신경훈

이상의 각 정당과 사회단체는 비록 복잡하지만, 주요 인물은 모두 공산당원 정치이론이자 실제 공작은 모두 공산당이 지도하지만 아래 당원과 사회단체의 회원들은 모두 공산당원인 것은 아니며 당원과 사회단체의 회원들 사이에는 가끔 의견 충돌이 발생한다. 예를 들면 현재까지도 조선노동당 내부에는 김일성파와 김두봉파의 보이지 않는 마찰이 있다. 다음으로 조선민족당은 비록 숙청을 피하였지만, 당원들 대부분이 지식계급 및 소 자산계급이며 자주 노동당원들과 충돌이 발생한다. 그러나 노동당의 압박 하에 감히 공개적으로 싸움을 일으키지 못한다.

예를 들면, 소련군이 초기에 한국을 점령하였을 때 지방행정기관은 대부분 민주당원이 책임졌지만 지금에 와서 보면 점차 도태되어 공산당(노동당)원이 대체하였는데 이는 두 당의 하급 당원들 사이에 가끔 충돌이 발생하여서이다.

2. 북조선민주주의민족전선위원회

현재 북한에는 '북조선민주자유민주통일전선위원회'가 설립되어 있는데 이는 상술한 각 정당 책임자를 위원으로 하고 있다. 김일성이 위원장으로 자임하고 각 정당과 사회단체의 정치강령을 통합 결의한 후 '북조선임시인민위원회'를 인계 처리하였다.

3. 북조선임시인민위원회

현재 북한 각 행정 구역마다 인민위원회가 설립되어 있으며 평양에는 '북조선임시인민위원회'가 설립되어 있는데 본 위원회는 1946년 2월 8일에 각 도시군 인민위원회 대표 및 각 정당 그리고 사회단체 대표 회의에 의해 설립되었다. 이는 김일성을 위원장으로 강량욱을 서기장으로 20개의 정치강령을 발표하여 북한정치를 통일 분할하였다.

북조선임시인민위원회는 1946년 9월 5일에 각 도시군 인민위원회 법령을 선거할 것에 관하여 발표를 하였다. 11월 3일에 인민 총 투표를 실행하여 각 도시군 인민위원회가 정식으로 성립되었다. 보도에 따르면 북조선의 4,516,120명 선거권이 있는 사람들 중 실제로 투표한 사람은 4,501,813명 남짓한 것으로 인민투표율은 99%를 차지하였다. 1949년 2월 20일에 또 한 번 투표를 실행하여 인민위원회를 선거하였다.

4. 북조선 20개 정치강령

북조선임시인민위원회는 1946년에 20개의 정치강령을 발표하였는데 번역문은 아래와 같다.

하나. 민주 조선의 정치경제 생활에서 과거의 일본 통치의 일체 잔여 세력을 철저히 숙청한다.

둘. 국내의 반동분자 및 반민주주의 분자들에 대해 무자비한 투쟁을 전개하며 파쑈 및 반민주주의의 당, 집단 개인의 활동을 절대적으로 금지한다.

셋. 전체 인민의 언론출판 집회를 보장하며 민주주의의 정당노동조합, 농민조합 및 기타 모든 민주주의적 사회단체의 신앙자유를 보장하며 그들의 자유 활동의 조건을 보장한다.

넷. 전체 인민은 일반적으로 직접 혹은 간접적으로 평등 무기명의 투표 선거권이 있으며 지방의 일체 행정기관의 인민위원회의 의무과 권리를 가진다.

다섯. 전체 공민에 대하여 성별과 신앙 그리고 재산의 다소를 불문하고 정치경제의 각 조건상 평등의 권리를 보장한다.

여섯. 인격과 주택의 신성불가침을 주장함으로써 공민의 재산 및 개인 소유를 보장한다.

일곱. 일본 통치 시기 사용했었거나 영향을 미쳤던 모든 법률재판기관을 폐지하고 민주주의 원칙에 근거하여 인민재판기관을 건설하고 일반 공민의 법률상 평등권을 보장한다.

여덟. 인민의 복리를 향상하기 위해 공업, 농업, 운수업 및 상업 등을 발전시킨다.

아홉. 대기업 운수업 및 은행, 광산, 산림은 국가 소유로 한다.

열. 개인수공업과 상업의 자유를 허가하고 격려한다.

열하나. 일본인, 일본국가의 매국노 및 임대 지주의 토지를 몰수하고 소작제도를 폐지한다. 몰수한 일체 토지는 무상으로 농민에게 분배하며 소유한 일체 건축물은 무상으로 몰수하고 국가가 관리한다.

열둘. 생활필수품에 대해 시장가격을 제정하여 투기업자 및 고리대금업자와 투쟁한다.

열셋. 단일하고 공정한 조세제도를 규정하고 누진적 소득세제도를 실시한다.

열넷. 노동자 및 사무원에 대해 8시간 노동제를 실행하고 최저임금 기준을 규정하며 13세 이하의 소년 노동을 금지하며 13세 이상 16세 이하의 소년에 대해 6시간 노동제를 실시한다.

열다섯. 노동자 및 사무원의 생명보험을 실시하고 노동자와 기업소득 보험제를 실행한다.

열여섯. 전체 인민의 의무교육 제도를 실시하고 국가 경영의 초, 중, 전문대학 등 학교를 광범위하게 확장하며 국가의 민주주의제도에 근거하여 인민교육제도를 개혁한다.

열일곱. 민주문화과학 및 기술을 적극 발전시키고 극장, 도서관, 무선방송국 및 영화관을 확대한다.

열여덟. 국가기관 및 인민경제의 각 부문에서 필요로 하는 인재를 양성하는 특별학교를 광범위하게 설립한다.

열아홉. 과학 및 예술 방면의 인재양성에 종사하는 경영 사업을 보조하고 장려한다.

일본인사유토지 : 100,504정보(町步)

민족반역자소유토지 : 2,168정보

임대지주소유토지 : 856,615정보

5정보 이상의 종교단체소유토지 : 14,855정보

합계 : 963,657정보

과수원

일본인소유 : 20,738정보

조선인소유 : 51,032정보

합계 : 71,770정보

관개설비(수리조합 등)

장소 : 1,165개

물리 면적 : 50,502정보

스물. 국가병원을 확대하고 전염병을 소멸하고 인민의 무료치료를 실행한다.

북조선 임시 인민위원회 중요 법령 개요

산, 토지개혁령

북조선 임시 인민위원회가 성립된 후 1946년 3월 5일에 토지개혁령을 반포한 적 있으며 주요하게 토지를 몰수하여 무상으로 농민에게 분배하는 것이다.

갑. 일본국가 및 일본인 단체 소유토지

을. 민족반역자 소유토지

병. 5정보 이상의 소유토지

정. 전부 임대한 지주의 소유토지

무. 계속 임대한 지주의 소유토지

기. 5정보 이상의 종교단체 소유토지

토지개혁령을 실행한 후 총 몰수한 토지와 분배된 상황은 아래와 같다고 한다.

갑. 농지

소 4,583마리

말 116마리

건축물 13,370동

토지분배상황표

고용자 : 15,544정보

무토지농민 : 407,307정보

토지부족농민 : 255,996정보

자기경작을 희망하는 지주 : 3,991정보

이상 분배받은 농민 수는 총 68만 호에 달한다.

2. 농업 현 물세에 관한 법령

조선 임시 인민위원회는 토지개혁령을 반포한 후 소작제도를 완전히 폐지하고 1946년 6월 27일에 농법 현물세의 법령에 관해 반포하였다. 정부는 농민의 징수 생산량의 25%를 사적으로 자유 처분한다.

3. 산업 국유화 법령

1946년 8월 1일, 산업 국유화 법령을 반포하였다. 즉 산업교통, 운수, 통신, 은행 등 대기업에 대해 국가 소유로 하여 개인이 경영하지 못하도록 한다.

4. 노동법령

1946년 6월 24일, 노동법령을 반포하였는데 원칙상 8시간의 노동제를 실행한다. 14세 이상, 16세 이하의 소년 노동자에 대해 6시간 노동제를 실행하며 유년 노동을 금지하며 정한 시간 외의 노동을 허락하지 않는다. 일 년의 노동시간은 250시간을 넘어서는 안 된다.

동일한 노동 및 기술에 대하여 성별과 나이를 불문하고 동일한 임금을 지급한다.

각 명절과 매주 일요일을 휴일로 하며 매년 최소 2주일간의 휴가를 할 수 있으며 휴가기간의 임금은 정상적으로 지급한다.

임신 노동자에 대해 출산 전 35일, 출산 후 42일을 휴가로 처리하며 임신 6개월 후로부터 출산 전 휴가일까지 가벼운 노동에 종사하며 일

년 이내에 유아에게 매일 2번, 매번 30분의 수유 시간을 허가한다.

기타 노동자에 대해 보험 제도를 실행한다.

남녀평등권 법령

육군군관학교에서 중비처에게 보내는 서한

KWCB-0207, 中國國民黨文化傳播委員會黨史館

중비처에 보내는 육군군관학교의 편지

민국 36년 3월 17일

안건 비준

2월 20일 귀처에서 공문을 통해 국방부에 신청한 내용이 통과되었음을 통지하며 이른 시일 내에 실시하기 바란다.

주중 한국 대표단의 건의 : 한국을 위해 정치 간부 1천 명을 훈련시켜주기 바람.

이상.

중국국민당 중앙집행위원회 비서처

민국 36년 3월 17일

미소 연합 위원회의 개회와
조선문제 해결 토론의 상황

KWCB-0208, 中國國民黨文化傳播委員會黨史館

상하이에서 활동하고 있는 한국 좌익세력의 정보에 의하면 최근 조선에서 진행했던 미소연합위원회회의 중 소련대표단의 조선문제에 관한 해결방법은 아래와 같다.

1. 미소 점령구역의 경계선을 철폐하고 조선 남부의 미군정을 취소한다.

2. 한국민주임시연합정부를 수립하고 인민정치회의를 소집하여 조선내정을 해결한다.

미국대표단이 제기한 조선문제 처리방법은 아래와 같다.

1. 미소연합위원회가 한국임시정부의 수립 문제에 대해서 조직, 조정, 협상, 처리한다.

2. 미소 쌍방이 의견을 교환한 이후 조선민주당 인사를 추천하며 군정부는 보류한다.

3. 미소 점령구역의 철폐 문제는 고려하지 않기로 한다.

이번 회의는 4월 3일 폐회되었고 모스크바와 워싱턴에 결과를 보고한 이후 다시 협상에 진입할 계획이라고 한다.

한국 정보 제43호 전보문

KWCB-0046, 中央研究院 近代史研究所

외교부 수신

제 13374호

발신자 구웨이쥔   발신 시간 : 36년 8월 13일 9시 40분

발신지 뉴욕   수신 시간 : 36년 8월 14일 13시 50분

전달 시간 : 36년 8월 15일 8시 00분

제43호 13일

난징 외교부 3차관님 열람 바랍니다.

미소합동위원회는 이번 달 초에 평양에서 회의를 열었습니다. 미국 측 대표를 비롯한 80여 명이 참석하였습니다. 이번 참가자들의 구두로 진술한 것과 서면보고 중에서 북한 관련 소식을 수집하여 아래와 같이 보고 드립니다.

1. 북한에는 현재 100만 명 이상의 한인 경비대(속칭 김일성부대)가 있습니다. 올해 초가을에 검열을 합니다.

2. 김일성이 북한 최고 영수인 것은 의심할 바 없습니다. 북한의 공공

장소에는 모두 김씨[김일성]와 스탈린의 사진을 걸었습니다. 학교와 문화단체 역시 김씨의 이름으로 명명한 곳이 많습니다. 옌안에서 돌아온 무정은 한때는 김씨와 패권을 다퉜지만 지금은 이미 지난 일로 되었습니다. 무정은 현재 북한 보안대 사령관으로 있으며 아직은 힘을 갖고 있습니다.

3. 소련은 보로실로프Voroshilov에 공산청년학교를 설립하였습니다. 200~1,000명에 달하는 학생들을 수용할 수 있습니다. 북한 청년들은 이 학교에서 훈련을 받은 후 북한에 돌아가 일을 합니다.

4. 압록강에서의 군대의 도강은 아주 자유롭습니다. 팔로군이 평양에 나타났습니다. 한국인들은 흔히 보는 일이라 신기하게 생각하지 않습니다.

5. 소련은 북한에서 미식요리 전문가를 모집하여 시베리아에 가서 일을 시킨 적이 있습니다.

6. 소련은 북한 도처에서 인력과 양곡을 징발하고 있습니다. 향촌에서는 반드시 홍군초대소를 분담해야 합니다.

7. 소련이 북한을 통제하는 가장 효과적인 수단은 배급증입니다. 북한에서 소나무 껍질을 먹는 사람들이 적지 않습니다.

8. 북한에서 유엔구제부흥사업국의 식품을 적지 않게 찾아볼 수 있습니다. 소련은 러시아 식품이라고 강조합니다. 따라서 유엔구제부흥사업국 물자는 문맹이 많은 시골에 배급됩니다. 식별을 피하기 위해서입니다.

9. 북한 기독교는 온갖 고통을 겪고 있습니다. 천주교는 비교적 괜찮습니다. 그나마 남은 목숨을 겨우 부지하고 있습니다. 장로교회 신도들

은 완고합니다. 갈수록 박해가 심합니다. 북한에는 30만 명에 달하는 장로교회 신도들이 있습니다. 이들은 문화 수준이 비교적 높습니다. 적화에 저항하는 의지도 강합니다. 한반도 민주전선 중에서 가장 희망적인 사람들이라고 인정됩니다. 이들을 급히 구원해야 합니다.

10. 북한의 친소분자 중 소련 국적인 자가 3~40명이 있습니다. 소련은 현재 적극적으로 정권 이양을 준비하고 있습니다. 괴뢰로 양성되면 두각을 나타내게 됩니다. 소련과 북한은 국경이 접해있어 매우 가깝습니다. 많은 사람들이 관찰한 바에 의하면, 소련은 북한에서 철수할 가능성이 높다고 합니다. 전진을 위해 후퇴하는 좋은 책략입니다.

직 류위완 드림.

한국문제(제2권) 제825호 전보문

KWCB-0054, 中央研究院 近代史研究所

외교부 수신

제 13374호

발신자 구웨이쥔 　　　발신 시간 : 36년 10월 29일 13시 52분

발신지 뉴욕 　　　　　수신 시간 : 36년 10월 29일 22시 10분

전달 시간 : 36년 10월 30일 17시 20분

제825호 28일

난징 외교부 왕ㅌ(스제世杰) 장관님

제1위원회는 오늘 한국 독립안에 대해 토론하기 시작하였습니다.

미국 대표 덜레스Dulles는 이 안건의 배경에 대해 상세히 서술하였습니다. 그리고 이 안건을 제안한 이유에 대해 해석하였습니다. 소련 대표는 한국 안은 마땅히 모스크바3상회의 협정에 근거하여 미소가 해결해야 한다고 발언하였습니다. 그러면서 정식으로 아래와 같이 제의하였습니다.

1. 내년 초에 미소는 동시에 철군한다.

2. 한국 대표를 요청하여 배석시켜 의견을 진술하게 한다.

호주 대표는 이 안건은 마땅히 미소가 우선 해결해야 하며, 만약 해결이 안 되면 일본과 싸운 여러 국가들이 회담을 가질 때 해결해야 한다고 하였습니다. 이 두 가지 방안 모두 실패하면 미국의 제안을 반대하지 않는다고 하였습니다.

구웨이쥔은 우리나라의 입장 요점을 아래와 같이 말하였습니다.

중국은 한국 인민이 하루빨리 자유 독립하기를 갈망한다. 그리고 하루빨리 한반도 통일 민주 정부를 설립하기를 갈망한다. 이런 소원을 서둘러 추진시킬 수 있는 방안에 대해선 모두 찬성한다.

우리는 미소의 협상이 오랫동안 결과가 없어서 올해 4월에 이미 4개국 회의를 제의한 적이 있다.

미국 역시 8월 같은 제의를 하였다고 들었다. 소련이 반대해서 성사되지 못했다. 오늘 소련 대표 역시 반대하는 이유를 설명하지 않았다. 따라서 4개국은 동의할 수 없는 것이다. 나는 당연히 연합국에 교부하여 협조 처리하는데 찬성한다.

철군에 관해서는 원칙적으로는 찬성한다. 단, 시간과 철수 조건은 반드시 한국으로 하여금 미소의 철군으로 인해 혼란 또는 내전이 발생하지 않게 하여야 한다.

소련 대표가 모스크바 협정을 언급하면서 당사국인 중국을 언급하지 않은 데 대해 구웨이쥔은 유감을 표명한다. 이 협정 서명국 및 그 후 이 협정에 참여한 국가 모두 동일한 의무를 진다. 이는 소련이 카이로 성명서에 참여한 상황과 동일하다.

호주 대표가 이 안건을 장래 대일 평화회담에서 해결하자고 하였는데 구웨이쥔은 이 회담이 언제 진행될지 모르고 한국인들은 독립을 갈망하는데 지금 연합국에 교부하여 하루빨리 그들의 소원을 해결하는 게 방법이 아닐 수 없다.

소련과 폴란드 대표가 한국 인민대표를 요청하여 배석시켜 의견을 피력하게 하자고 주장하는 데 대해 우리나라는 원칙적으로는 찬성한다. 그러나 이 대표는 반드시 진정으로 한국을 대표할 수 있어야 한다.

유고슬라비아와 우크라이나 대표는 소련의 주장에 찬성한다고 발언하였습니다. 영국 대표는 미국의 제안을 찬성하였습니다. 단 한국 대표를 요청하여 출석시키는 데 대해서는 반대하였습니다.

구웨이쥔

72

한국문제(제2권) 제830호 전보문

KWCB-0055, 中央研究院 近代史研究所

외교부 수신

제 13374호

발신자 구웨이쥔

발신지 뉴욕

발신 시간 : 36년 10월 29일 22시 23분

수신 시간 : 36년 10월 30일 16시 00분

전달 시간 : 36년 10월 30일 21시 30분

제830호 29일

급전 난징 외교부

제1위원회는 오늘 소련이 제의한 남북한 대표를 요청하여 배석시키는 안건에 대해 계속하여 토의하였습니다.

미국 대표는 수정을 제안하였습니다. 미국 대표는 남북한 대표가 점령군 당국이 파견한 대표가 아니고 확실히 인민이 선출한 대표라는 점을 확인하기 위해서는 연합국 한국임시위원회 설립을 제안하였습니다. 그리고 이 위원회가 한국에 시찰을 가 조언을 해야 한다고 하였습니다.

구웨이쥔은 아래와 같이 발언하였습니다.

한국 대표를 요청하여 배석시키는 데 대해 우리나라는 어제 이미 찬성을 표시하였다. 그리고 이 대표가 확실히 전체 한국인들을 대표하여 진정한 민의를 진술할 수 있어야 한다고 주장하였다.

한국은 현재 남북 두 부분으로 나뉘었다. 상황이 특수하다. 연합국은 요청하는 동시에 이루어질 수 있도록 도와야 한다. 그런고로 미국의 수정안에 대해 대체로 찬성한다.

우리나라 정부는 한반도가 조속히 통일, 독립하기를 갈망한다. 그리고 모스크바 협정 역시 한국독립 민주 정부를 완성시키는 규정에 도움이 된다. 따라서 한국 전체를 대표할 수 있는 대표를 요청하여야 한다. 본 위원회는 이 방법이 가능성이 없다고 예측하는 것은 적합하지 않다. 소미 제안에 있는 남북한이라는 글자는 마땅히 삭제되어야 한다.

소련 측의 6개국 모두 소련의 제안을 찬성한다고 발언하였습니다. 캐나다, 벨기에, 프랑스, 호주, 아이티 등은 반대하였습니다. 호주는 미국의 수정안을 찬성한다고 표시하였습니다. 프랑스는 기권을 표명하였습니다. 저는 미국의 수정을 거친 소련의 방안에 대해 찬성표를 던지려고 합니다. 그래도 되는지 지시를 바랍니다. 두 개 방안의 원문은 따로 전보문으로 보내겠습니다.

구웨이쥔

73

한국문제(제2권) 제842호 전보문

KWCB-0057, 中央研究院 近代史研究所

외교부 수신

제 13374호

발신자 구웨이쥔　　　　　발신 시간 : 36년 11월 6일 12시 18분

발신지 뉴욕　　　　　　　수신 시간 : 36년 11월 7일 8시 00분

전달 시간 : 36년 11월 7일 15시 00분

제842호 5일

난징 외교부 왕 장관님

제1위원회는 오늘 한국 안을 표결하였습니다.

1. 20대 6으로 소련이 제의한 내년 초 소미 동시에 철군하는 안을 부결하였습니다. 저는 반대표를 던졌습니다.

2. 소련 측 6개국은 한국 대표의 참석이 요청되지 않아 참석하지 못하는 이상 표결에 참여하지 않겠다고 선후하여 표명하였습니다.

3. 미국이 제안하고 저와 인도, 프랑스, 필리핀이 수정한 안을 44대 0으로 통과시켰습니다. 그리고 호주와 캐나다, 중국, 엘살바도르, 프랑

스, 인도, 필리핀, 불가리아, 우크라이나 등 9개국으로 한국위원회를 구성하도록 결정하였습니다. 우크라이나는 불참을 선언하였습니다.

그리고 제가 원래 제안했던 수정안의 철군 협의에 대한 주장에 대해 모스크바 4개국 서명 국가에 자문하도록 하였습니다. 이렇게 진행된 경과에 대해서 이미 전보문을 보내드렸습니다.

구웨이쥔은 이번 달 회의 개최 전에 재차 미국, 영국, 인도 대표와 반복적으로 논의하여 결정한 결과 구웨이쥔이 원래 수정안을 철회하기로 하였습니다. 그리고 따로 새로운 수정안을 제안하기로 하였습니다. 새로운 수정안에는 한국은 정부를 수립하고 국방군을 조직하며 군대식 조직은 해산하며 철군한다는 등 사항은 반드시 한국위원회에 자문해야 한다는 내용들이 들어있습니다. 그리고 이 위원회가 한국의 독립을 성사시키는 절차상의 임무를 완성한다는 구절을 넣었습니다.

현재 미국, 영국, 소련은 한국위원회에 참여하지 않습니다. 위원회에서의 우리의 지위가 특히 중요하게 되었습니다. 우리나라 대표 인선에 대해서는 조속히 물색하여 한국 독립을 하루빨리 성사시키는 것이야말로 당초 주석께서 카이로에서 제일 처음으로 한 주장에 걸맞다고 보입니다.

결의안은 따로 보냈습니다.

삼가 올립니다.

구웨이쥔

74

이승만 중국방문 초대사

KWCB-0209, 中國國民黨文化傳播委員會黨史館

이승만 중국 초대사(事)

우(우톄청) 비서장님께서 읽어주시길 부탁드립니다.

이승만 선생이 곧 중국에 오게 됨에 따라 이 선생과 논의하고 느낀 소감을 짧은 글로 서술하고 다시 검열을 하오니 잘 부탁드립니다.

양윈주楊雲竹 올림 2월 24일

첨부문건은 다음과 같음

1. 이승만 박사와 관련하여

2. 구웨이쥔의 전보

3. 민석린의 전보

국민정부 전문식 공문

1. 민국 36년 2월 17일 교비자 147호 (전문식 공문)

한국에 20만 달러를 원조하는 방안과 관련하여, 이승만이 난징에 왔을 때 반드시 질문하고 검토해야 할 것입니다. 그 비용은 김백범 선생이 사용하여야 하고, 이를 한국에 돌아간 후 김 선생과 의논하여 판단하기를 요청해야 합니다. 대표를 보내 한국에 주재시키는 것과 관련하여서는, 이미 류위안을 한성 총영사로 임명하였습니다. 다른 대표를 보내 한국에 주재시켜야 하는 여부는 외교부와 미국 측의 교섭 처리에 응당 따라야 할 것입니다.

2. 민국 36년 2월 24일 교비자 제 0173호 (전문식 공문)

중앙당부의 우톄청 비서장은 비밀 전문식 공문에 이승만과 그 수행원 한국인 장기영, 미국인 프라이G. Frye 부인 및 한국계 대표 김동성 등이 중국에 올 계획이고, 다른 외교부에서 파견하는 인원도 초대하였으며, 려지사勵誌社를 숙소로 준비하였다. 려지사 황런린黃仁霖 총간사에게 전보를 치는 것 외에 교섭하여 처리하는 것을 희망한다고 다시 통지하였다. 중정은 꽤 많은 비밀을 나누었다.

3. 구웨이쥔이 워싱턴에서 보내는 급전.

36년 3월 31일 18시 4분에 발신. 36년 4월 1일 19시 30분 수신.

제474호 31일

난징 외교부 왕 부장이 비밀리에 주석께 올리고 또 이를 우 비서장에게 전달한 469호 전보를 받았다. 이에 따르면 미국 측 요원들이 은밀히 알려주기를, 미 외교부와 주한 미국 군사 당국은 이승만에 대해 불만이 상당히 많다고 한다.

비록 그 정치 활동에 제재를 가하기를 원치는 않지만, 만약 그것이 한국인들로 하여금 정권을 잡겠다고 옹호하게 만들고 또 반대하지 않게 만든다면, 미국 정부는 그러한 태도에 냉담할 것이며 원조하지 않을 생각이다. 전보를 올려 여쭙니다. 구웨이쥔

부주: 469호 전보에서 이승만 등 일행이 4월 1일 비행기로 도쿄로 가서 2일 체류하고 중국으로 건너온다고 함

민석린이 중앙당부 장 비서에게 3월 26일 써서 보낸 서신의 부주에 따르면 4월 1일 워싱턴을 떠나 도쿄로 가서 이틀 정도 머문 뒤 그곳에서 다시 전보로 난징에 올 일자를 알려줄 예정이라고 함. 장지양張寄陽(엮음) 기밀보안실 주

4. 민석린이 미국과 이 박사에게서 온 전보를 다시 써서 장 비서님께 올리는 글

4월 4일

4월 11일 알류샨 열도를 경유하는 비행기를 타고 상하이에 도착하여 신속하게 상하이-난징 간 교통을 이용할 것이며, 중국에서는 이틀 이상 체류하지는 않을 예정임

4월 5일

우체청이 이를 총재에게 보고함

양원주가 이승만 박사에 관하여 보고함

원주가 수차례 미국으로 파견되어 이승만과 회의를 하며 몇 차례 논의를 가진 적이 있기에 이승만이 어떤 사람인가에 관해 알고 서술할 수 있다.

1. 이승만이 미국에서 활동할 때의 상황

이승만은 워싱턴DC에 다년간 거주하면서 한국의 제1대 대통령을 역임했으며 박사학위를 가지고 있다. 한국임시정부가 충칭으로 옮긴 후에는 임시정부 주미 대표를 맡았다.

이승만은 독립운동단체인 동지회를 창립했고, 호놀룰루에 그 동지들이 매우 많았다. 미국 대륙에는 약 200여 명이 가입한 독립당이 있었고, 이 때문에 동지회와 독립당을 자매정당과 같이 여겼다. 미국에서 조직된 고려위원회가 사무소를 워싱턴에 설립하였지만, 그것이 어떠한지는 알 수 없다.

이승만은 단호하게 반공, 반소를 나타내고 있으며, 항상 공산당을 세계의 공공의 적이라 말하고 있다. 미국에서 소련과 연합하고 미국을 반대하는 것이 복이라고 한 미국 내 5개 한교 단체 중 3곳이 이승만과의 합작을 거부했다.

이승만을 반대한 연합위원회는 약 1천여 명의 회원을 가지고 있었으며 그 세력은 동지회보다 컸다.

2. 이승만에 대한 미국 인사들의 소감

미국 정부는 이승만이 고령(올해 72~73세)이며 반미를 나타낸 언행이 매우 적고 이승만 본인과 국무원 사이의 소통이 적다고 하였음. 국무원 극동사령부 인원의 말에 따르면 이승만의 시대는 이미 지났으며 일반적으로 그 사람됨을 존경하기는 하지만 호소력과 지도자감으로서 충분한지에 대해 불신을 나타내었음.

샌프란시스코회의 당시 이승만은 정보를 얻어 얄타회의의 비밀협정을 공공연히 발표하였는데 이는 조선을 팔아버릴 뿐만 아니라 중국 동북 영토를 파는 조항이었기 때문에 적잖은 사람들의 눈길을 끌었다. (오늘날 이를 생각해보니, 이승만의 정보수집능력에 대해 감탄을 금할 수 없다.)

3. 이승만과 임시정부

한국임시정부가 이승만을 주미 대표로 위임할 정도로 이승만과 김구 주석 간의 우의는 매우 두터웠고, 들리는 바에 따르면 미국에서 수시로 임시정부를 위해 기금 모금을 하였으나 성과가 좋지는 않았다.

34년 하반기, 임시정부는 미국의 한교 조직들을 모아서 연합위원회를 만들고자 하였는데, 이승만은 임시정부가 작성한 명단에 불만을 가졌고 각 교포 지도자 역시 이승만과의 합작을 반대하였다. 이는 이승만의 자존감이 너무 크고, 자기 의견을 고집하는 등의 주요 원인에서 찾을 수 있다. 기록에 따르면, 금산회의 당시 각계 한교들이 금산에 모여, 먼저 종합선전기구를 설립하고자 하였으나, 이승만이 자신의 의견을 내세우고 공공의 많은 의견을 구하지 않으려고 하여 결국 성공하지 못했다.

4. 승리 이후 이승만의 한국에서의 활동

들리는 바에 따르면, 이승만은 한국으로 돌아온 후 신탁통치 반대의 기치를 높이 치켜세웠고, 김성수의 민주당(조선 국내 자산가들의 조직으로 친일 혐의가 있는)을 이용하여 정치 활동을 계속하였다. 이미 각 당파들이 연합하여 만든 민주의원에서 주석으로 자임하였고, 최근 좌우 정당들이 합작하여 만든 입법기구에는 김규식, 여운형(좌파)이 정부 주석을 나눠 맡게 됨에 따라, 이승만의 정식 직함은 현재 없는 상태다.

75

한국민족독립통일본부주석 이승만의 중국 방문 의도 및 김구의 행동 분석

KWCB-0210, 中國國民黨文化傳播委員會黨史館

한국민족독립통일본부주석 이승만께서 중국에 오는 의도 및

김구의 행동에 대한 분석

이상

우 비서장

정보 한 건을 첨부하여 보내드립니다.

국민정부 참군처 군무국

4월 13일

한국민족독립통일본부 주석 이승만은 이번에 중대한 임무를 안고 미국에서 중국으로 왔다. 교포와 한국 대표단 당국은 모두 기뻐하였다. 대표단 비서인 김은혜에 의하면 ① 이승만의 행동은 관료 자본주의의 행동이며 평일에 접근한 자들은 대체로 친미파의 정객이다. ② 김구의 행동은 평민화의 민주파 행동이며 국내 일반 민중과 친하다. ③ 지금의 환경에서 이승만을 관찰하면 미국에 대한 지지는(사실 미국 사람들은 이승만에 대해 인상이 좋지 않다) 이후에 한국의 미래 정부의 주석으로 될 것이며 김구는 이 박사의 요청으로 부주석이라고 하는데 이는 모두 이승만과 김구의 부하들의 열렬한 추측을 일으켰으며 장래 합작에 있어서 가장 큰 장애가 될 듯하다. ④ 이승만은 비록 동맹의 원조를 받아 주석으로 될 수 있지만, 민심을 얻지 못하여 지위가 든든할 수 없다. 그러면 결국 주석의 자리는 김구에게 가게 된다. ⑤ 이승만이 중국을 방문하여 장개석 주석을 만나는 것은 중국 당국이 한국을 돕는 정도와 지지의 대상으로 삼아 전후의 행동을 결정할 수 있기 위해서이다.

76

한국 각 당파가 진행 중인 통일기구 조직 상황

KWCB-0211, 中國國民黨文化傳播委員會黨史館

올립니다.

한국 각 당파가 진행 중인 통일기구 조직 상황에 관한 사본을 보내드립니다.

두 번째 문건(을건)이 그 정보이오니, 보시고 참조해 주시기 바랍니다.

이상입니다.

우 비서장

정보 을건을 첨부합니다.

4월 30일

군사위원회 시종실 올림

내용

정보 4월 30일

한국 각 당파가 진행 중인 통일기구 조직 상황

한국 각 당의 통일회의가 여전히 계속해서 진행 중이지만 각 당의 의견이 이미 나뉜 상태이다. 한국독립당은 5당(한국독립당, 조선민족혁명당, 조선민족해방동맹, 조선무정부주의자연맹, 신한민주당)이 마땅히 먼저 통일을 해야 한다고 주장한다.

그 의도는 5당이 먼저 통일을 하게 되면, 한국 각 당이 모두 통일되어 임시정부 아래에 있음을 한국임시정부가 대외에 선전할 수 있고, 더 큰 외부의 지원을 받을 수 있다는 데에 있다. 그리고 실질적으로 정부는 한국독립당이 통제할 수 있다. '조선민족혁명당'은 먼저 임시정부 헌법을 수정하고, 화북과 남미, 북미, 소련의 한국교포들이 모두 임시정부에 참가하도록 한 이후에 다시 통일을 논의하자고 주장하였다.

이는 친'민족혁명당' 성향의 '화북조선독립동맹'을 임시정부에 참여시키고, 북미의 한인들을 충칭에 오도록 함으로써, 그 당이 다시 통일을 논의할 때 즉, '민족혁명당'이 임시정부를 통제할 수 있게 된다. 또한 '한국독립당'이 제시한 통일방법에, 통일에 참가하는 각 단위의 언론, 집회, 사상, 출판의 자유에 다른 당이 반대를 표시할 수 없는 점을 근거로, 유명무실한 통일을 야기할 수 있다.

77

한국 각 당파 연합하여 조선인민당을 구성

KWCB-0212, 中國國民黨文化傳播委員會黨史館

한국 각 당파 연합해서 조선인민당을 구성한다

국민정부 참군처께

내용

한국 각 당파 연합해서 조선인민당을 구성했다.

조선 좌익당파, 조선 생산당, 조선독립 농민당, 신한회, 한국독립운동전투동맹, 차포시 반일동맹(조선민의 총연맹을 참가함으로 파견되었다.) 등이 합병하여 조선인민당을 구성했다.

생산당의 지도자인 정탑라, 방달 및 농민당의 지도자인 신배, 방화가 새 조직의 주로 책임자를 담당했다.

이 새로운 정당이 생긴 후에 조선공산당 및 사회당 일파의 중국에 있는 지지를 얻었다.

한국임시정부의 외무부장인 조소앙, 군무부장인 김약산과 인민당은 미국 주둔군 측을 연락해서 이 새로운 정당이 생기는 것은 공산당의 외곽 세력 성장으로 봐서 상당히 중시했다.

소련 측에 이 새로운 정당은 조선 좌우익 간의 중간 역량으로 여긴다.